●会计职业教育系列教材

U1060681

出纳实务

干学森　主编

浙江大學出版社

编写说明

为适应高中等会计职业教育的需要和广大在职会计人员及会计信息使用者学习掌握财会专业业务知识的要求，我们组织有关学者，教师及会计实际工作者编写了一套会计职业教育系列教材。

本套会计职业教育系列教材共七本，包括《会计核算基础》、《会计核算实务》、《企业涉税事务》、《财务会计报告》、《企业内部控制》、《出纳实务》、《成本会计》等。本系列教材由浙江省财政干部教育中心组织编写组编写，张亚平同志担任总召集人，成员主要有：程运木、陶其高、包洪信、应太松、求嫣红、蒋婉萍、徐政、黄成光、俞兆辉、陶善贵、吴小明等。在具体编写过程中，傅钱生、陈建中等同志就教材的编写思想、编写提纲进行了指导并提出了许多宝贵意见，同时，本系列教材的编写参考并吸收了有关法规制度、教材和书籍的相关内容，谨此说明并在此表示衷心的感谢！

本套会计职业教育系列教材，力求体现以下特点：

内容新颖。本系列教材阐述的内容与新法规、新制度及会计准则保持一致，从专业术语的表达到具体方法的应用都体现了新会计法规的要求，符合新的规范。

实用性强。本系列教材对理论性问题不作深入探讨，不介绍高深学术观点，但对会计的程序和方法力求详尽，以培养学习者的操作能力。

系统性、针对性强。本系列教材系统地阐述了会计核算、财务分析及从企业的角度介绍企业与税务、企业与金融的业务处理。针对企业业务的实际情况，通过实例，直观清晰、深入浅出、通俗易懂，适合多层次财会从业人员的学习需要。

本教材共分九章，全书由干学森、陶善贵等负责编写。最后由干学森进行总纂和统稿并担任主编。

由于编者水平所限，再加上时间仓促，本书难免有一些缺点和错误，恳请广大读者批评指正。

会计职业教育系列教材编写组

2008 年 8 月

目　录

第一章

出纳工作概述

第一节　出纳工作组织

一、出纳及工作原则

出纳一词，一般包含出纳工作、出纳人员两种涵义。出纳工作，顾名思义，出即支出，纳即收入。出纳工作从广义上讲，只要是票据、货币资金和有价证券的收付、整理、保管等都属于出纳工作。狭义的出纳工作则仅指各单位会计部门专设出纳岗位或人员的收付业务处理工作。出纳人员，从广义上讲，既包括会计部门的出纳工作人员，也包括业务部门的各类收款员（收银员）。狭义的出纳人员仅指从事出纳工作的人员，本书所讲的是指狭义的出纳。

出纳应遵循以下工作原则：

1. 经济责任性原则。经济责任性原则是指出纳人员必须严格履行各项规章制度，严格把关，使单位的现金管理建立在可靠的基础上，保证国家和集体财产不受损失。因此，出纳人员负有重要的经济责任和法律责任。

2. 客观性原则。客观性原则也叫真实性原则。是指出纳核算必须以实际发生的客观经济业务为依据，也就是说要有合理、合法的凭证可供审查，保证所提供的凭证、账簿的准确性、完整性、真实性和合法性。

3. 一致性原则。一致性原则是指在不同时期进行会计处理的规则和采用的技术方法的一致性，即会计期间、会计单位、会计方法、确定的不同收益和支出的标准应是一致或相对稳定，不得随意变更。

4. 政策性原则。政策性原则是指出纳人员应遵守党和国家的财经法规，做好核算工作。因此出纳人员要加强经济核算，厉行节约，反对浪费，维护国家和人民利益，提高经济效益。

二、出纳岗位的设置及人员配备

各个单位的实际情况不同，出纳工作的组织内容也不尽相同，但无论哪一种形式，一般都要设置合理的出纳机构或配备必要的出纳人员，并建立各种内部工作职责与制度等。

出纳机构一般设置在会计机构内部，如各企事业单位财会科、财会处内部设置专门处理出纳业务的出纳组、出纳室。《中华人民共和国会计法》（以下简称会计法）第二十一条第一款规定："各单位根据会计业务的需要设置会计机构，或者在有关机构中设置会计人员并指定会计主管人员。不具备条件的，可以委托经批准设立的会计咨询、服务机构进行代理记账。"会计法对各单位会计、出纳岗位与人员的设置没有做出硬性规定，只是要求各单位根据业务需要来设定。因此各单位可根据单位规模大小和货币资金管理的要求，结合出纳工作的繁简程度来设置出纳机构。以工业企业为例，大型企业可在财务处下设出纳科；中型企业可在财务科下设出纳室；小型企业可在财务股下配备专职出纳员。有些主管公司，为了资金的有效管理和总体利用效益，把若干分公司的出纳业务（或部分出纳业务）集中起来办理，成立专门的内部"结算中心"，这种"结算中心"，实际上也是出纳机构。

出纳人员配备。一般讲，实行独立核算的企业单位，在银行开户的行政、事业单位，有经常性现金收入和支出业务的都应配备专职或兼职出纳人员，担任本单位的出纳工作。出纳人员配备的多少，主要决定于本单位出纳业务量的大小和繁简程度，要以业务需要为原则，既要满足出纳工作量的需要，又要避免徒具形式、人浮于事的现象。一般可采用一人一岗、一人多岗、一岗多人等几种形式：

一人一岗：规模不大的单位，出纳工作量不大，可设专职出纳员一名。

一人多岗：规模较小的单位，出纳工作量较小，可设兼职出纳员一名。如无条件单独设置会计机构的单位，至少要在有关机构中（如单位的办公室、后勤部门等）配备兼职出纳员一名。

一岗多人：规模较大的单位，出纳工作量较大，可设多名出纳员，如分设管理收付的出纳员和管账的出纳员，或分设现金出纳员和银行结算出纳员等。

出纳人员的内部分工。单位规模较大、业务复杂、出纳人员有两名以上的单位，要在出纳部门内部实行岗位责任制，要对出纳人员的工作进行明确的分工，使每一项出纳工作都有出纳人员负责，每一个出纳人员都有明确的职责。出纳人员的具体分工，要从管理的要求和工作便利等方面综合考虑。通常可按现金与银行存款、银行存款的不同户头、票据与有价证券的办理等工作性质上的差异进行分工。也可以将整个出纳工作划分为不同的阶段和步骤，按工作阶段和步骤进行分工。对于公司内部"结算中心"式的出纳机构中的人员分工，还可以按不同分公司定岗定人。

出纳工作岗位的具体设置应当符合下列要求：

1. 出纳人员不得兼管稽核、会计档案保管和收入、费用、债权债务账目的登记工作。

2. 出纳人员以外的会计人员不得经管现金、有价证券和票据保管工作。

3. 会计机构负责人(会计主管人员)不得兼任出纳。

4. 国家机关、国有企业、事业单位任用会计人员应当实行回避制度。会计机构负责人、会计主管人员的直系亲属不得在本单位会计机构中担任出纳工作。直系亲属指:夫妻关系、直系血亲关系、三代以内旁系血亲以及配偶亲关系。

第二节　出纳人员的素质要求

一、出纳人员的执业要求

按照《会计法》、《会计基础工作规范》和《会计从业资格管理办法》等法律法规的要求,单位配备的出纳人员,应当具备以下三个方面的条件:

1. 持有会计从业资格证书。《会计法》第三十八条规定:"从事会计工作的人员,必须取得会计从业资格证书。"《会计从业资格管理办法》第二条明确规定:从事出纳工作的人员必须取得会计从业资格。会计从业资格证书是具备一定会计专业知识和技能的人员从事会计工作的资格证书。未取得会计从业资格的人员,不得从事会计工作。

2. 具备必须的专业知识和专业技能。《会计基础工作规范》第十四条规定:"会计人员应当具备必要的专业知识和专业技能,熟悉国家有关法律、法规、规章和国家统一会计制度,遵守职业道德。"这是对从事财会工作人员的基本要求。同样出纳人员的工作不但专业性强,而且政策性、法制性也很强,更需要一定的职业道德水准。

3. 按照规定参加会计业务培训。《会计从业资格管理办法》第二十条规定:"持证人员应当接受继续教育,提高业务素质和会计职业道德水平。持证人员每年参加继续教育不得少于24小时。"以适应新形势、新体制、新的财务制度改革的需要。

二、出纳人员的职业道德

出纳工作的最大特点是直接与金钱打交道。忠于职守,公私分明,廉洁自律,不贪不沾,通力协作,是对出纳人员的基本要求。同时出纳人员肩负着重大的经济责任,因此,出纳人员在工作中应当遵守职业道德,树立良好的职业品质、严谨的工作作风,严守工作纪律,努力提高工作效率和工作质量。

出纳人员职业道德,是出纳人员从事出纳工作应当遵循的道德标准。职业道德是执业人员必备的职业品质、工作作风和工作纪律,《会计基础工作规范》专门对会计人员的职业道德做出了规定,同样也适用于出纳人员,它主要包括以下八个方面具体内容：

1. 爱岗敬业。热爱本职工作，安心本职岗位，忠于职守，尽职尽责。

2. 诚实守信。实事求是，讲求信用，保守商业秘密。

3. 廉洁自律。公私分明，不贪不沾。

4. 客观公正。真实地反映经济业务事项，公允地提供会计信息，不偏不倚地对待利益关系的各方。

5. 坚持准则。熟悉国家法律、法规和国家统一的会计制度，始终坚持按照法律、法规和国家统一的会计制度的要求进行会计核算，实施会计监督。

6. 提高技能。勤奋学习，刻苦钻研，不断进取，增强提高专业技能的自觉性和紧迫感。

7. 参与管理。熟悉本单位经营活动和业务流程，主动提出合理化建议，协助领导决策，积极参与管理。

8. 强化服务。树立服务意识，提高服务质量，维护和提升出纳职业的良好社会形象。

第三节 出纳的业务范围

一、出纳人员的业务范围

出纳人员的业务范围与其工作权限相一致，因为不同单位的组织形式不同，其资金运动也有其特殊性，但只要有资金的收付，就要有出纳。出纳的业务范围主要包括以下几方面：

1. 办理现金和银行存款结算业务；

2. 登记现金日记账和银行存款日记账以及相关的备查簿；

3. 保管好库存现金和有价证券；

4. 保管好有关印章、空白收据、空白支票及空白发票；

5. 核对库存现金与现金日记账、核对银行存款与银行对账单。

出纳的具体业务要求：

1. 按照国家有关现金管理和银行结算制度的规定，办理现金收付和银行结算业务。出纳员应严格遵守现金开支范围，非现金结算范围不得用现金收付；遵守库存现金限额，超限额的现金按规定及时送存银行；现金管理要做到日清月结，账面余额与库存现金每日下班前应核对，发现问题，及时查对；银行存款日记账与银行对账单也要及时核对，如有不符，应立即通知银行调整。

2. 根据会计制度的规定，在办理现金和银行存款收付业务时，要严格审核有关原始凭证以及收付款凭证，然后根据审核无误的收付款凭证逐笔按序登记现金日记账和银行存款日记账，并结出余额。

3. 按照国家外汇管理和结购汇制度的规定及有关批件，办理外汇出纳业务。外汇出纳业务是政策性很强的工作，随着改革开放的深入发展，国际经济交往日益频繁，外汇出纳也越来越重要。出纳人员应熟悉国家外汇管理制度，及时办理结汇、购汇、付汇，避免国家外汇损失。

4. 掌握银行存款余额，不准签发空头支票，不得出租出借银行账户为其他单位办理结算。这是出纳员必须遵守的一条纪律，也是防止经济犯罪、维护经济秩序的重要方面。出纳员应严格支票和银行账户的使用和管理，从出纳这个岗位上堵塞结算漏洞。

5. 保管库存现金和各种有价证券（如国库券、债券、股票等）的安全与完整。要建立适合本单位情况的现金和有价证券保管责任制，如发生短缺，属于出纳员责任的要进行赔偿。

6. 保管有关印章、空白收据和空白支票。印章、空白票据的安全保管十分重要，在实际工作中，因丢失印章和空白票据给单位带来经济损失的不乏其例。对此，出纳员必须高度重视，建立严格的管理办法。通常，单位财务公章和出纳员名章实行分管，交由出纳员保管的出纳印章要严格按规定用途使用，各种票据要办理领用和注销手续。

二、出纳工作流程

（一）收款工作流程

出纳收款时：

1. 核对业务部门开具的收款票据。

2. 收款。

3. 在收款票据上加盖收讫章及个人私章。

4. 根据审核无误的收款凭证及原始凭证登记日记账。

5. 按规定及时填制现金缴款单（现金收款）或银行进账单（支票等结算凭证）将收入款项解缴银行。

收款工作流程见图 1-1。

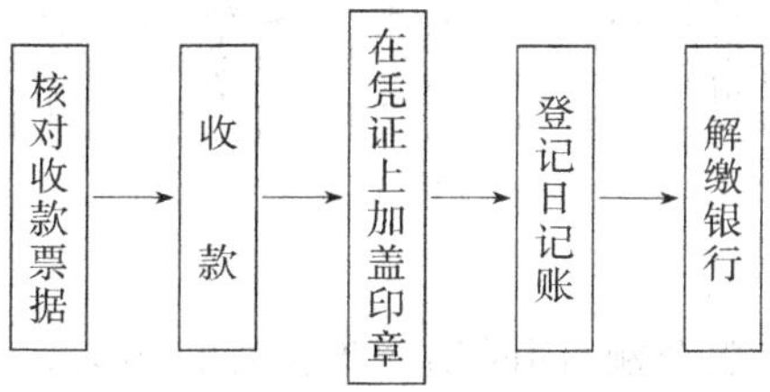

图 1-1

（二）付款工作流程

1. 支付申请：经办人员根据原始单据（包括：所办理事项、事由文字说明批复文件）

填写付款申请单(如借款单、报销单等),报请部门负责人审批。

2. 审批审核:

(1)部门负责人在权限范围内审核并签字(超过权限的由上一级负责人签字)后,送财务部门复核。

(2)财务部门复核人员对经办人所提供的申请单及原始凭证和所附凭证进行复核并签字。复核的主要内容有以下几方面:

①原始凭证填写单位的名称、图章是否清晰,有无模糊不清的情况;

②原始凭证填写的款项支付范围、支付方式、支付单位是否妥当;

③原始凭证所办事项审批范围、权限以及传递手续是否齐全,有关人员是否全部正式签章等等;

④审核原始凭证所具备的要素是否齐全;

⑤原始凭证的字迹有无涂改,如抬头、日期、数量、单价、金额等是否有涂改痕迹,更正方法是否符合有关规定,如盖章证明等。

(3)财务部门负责人对经办人所提供的原始凭证及所附凭证以下方面审核认可后签字。

①审核原始凭证的内容是否确实存在,所发生的经济业务内容是否在批准的计划范围内以及计划执行情况,有无超标准等等;

②原始凭证所记载经济业务的内容及资金使用上是否合理、合法及合规,有无违反国家有关法律、法规、制度的规定,有无舞弊作假行为。

3. 收款人签字。

4. 出纳人员根据审核无误后的原始凭证及所附凭证,经复核无误后,严格按照国家《现金管理暂行条例》和《银行结算办法》办理款项的付款业务,并在付款原始凭证上盖出纳私章,并加盖"付讫"戳记,以避免重复付款。

5. 出纳人员根据记账凭证及所附原始凭证据登记日记账。

付款工作流程见图 1-2。

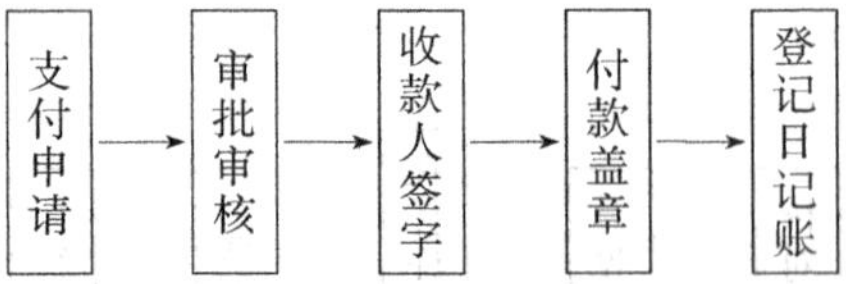

图 1-2

(三)结账、对账工作流程

1. 每日终了结出日记账余额,同时编制收付存日报表;

2. 每日下班前应当清点库存现金,核对账面金额与实际库存现金;

3. 月末,记账人员相互核对账目,出纳员将现金日记账、银行存款日记账分别与会计人员的现金总账和银行存款总账进行核对。

三、现金的保管

现金的保管，主要是指对每日收取的现金和库存现金的保管。现金是流动性最强的资产，可直接使用，因而现金是犯罪分子最直接的目标。因此，现金的保管要有相应的保安措施。出纳办公室应该选择坚固实用的房间，能防潮、防火、通风，墙壁、房顶要牢固，窗户要有铁栏杆和护窗金属板。出纳人员应配备专用保险柜，保险柜应放置在出纳办公室的内墙，保险柜钥匙由出纳人员专人保管，不得交由其他人员代管；保险柜密码应由出纳人员设置严格保密，并做好开启记录；同时出纳人员工作变动时，应及时更换密码。保险柜的钥匙、密码丢失或发生故障，要立即报请领导处理，不得随意找人修理或配钥匙。必须更换保险柜时，要办理以旧换新的批准手续，注意更换情况备查。各单位应健全现金保管制度，防止由于制度不严、工作疏忽而给犯罪分子以可乘之机，给国家和单位造成损失。

现金的保管主要应注意以下几个方面：

1. 要由出纳员保管库存现金。

2. 一切现金收入经核对无误后，必须当天存入银行。

3. 库存现金应控制在核定库存现金限额内，超过限额的部分现金应在当天(最迟在第二天上午)存入银行；未送银行的现金应封包存库，防止被盗窃丢失。

4. 出纳应当做到日清月结，不得以白条抵库，不得将现金带出单位。应保证实际库存现金数与现金日记账的账面余额核对相符；发现不符，应及时查明原因，予以处理。

5. 单位内部审计人员应定期对库存现金进行检查，并根据需要进行临时抽查。

6. 库存现金应按纸币票面金额和铸币票面金额以及整数和零数应实行分类保管。

7. 出纳向银行送存现金或提取现金时，要有安全措施；一般应有两人以上随同，数额较大的，最好专箱装放、专车运送，必要时可以武装押运。

四、有价证券的保管

有价证券是一种具有储蓄性质的、可以最终兑换成人民币的票据。目前，我国发行的有价证券有国库券、国家重点建设债券、地方债券、企业债券和股票等。有价证券是企业资产的一部分，具有与现金相同的性质和价值。有价证券的保管同现金的保管基本一样，同时要对各种有价证券面额和号码保守秘密。

有价证券的保管应注意以下几方面：

1. 实行账证分管。会计管账、出纳管证，互相牵制、互相核对。

2. 有价证券应视同现金保管，要入保险柜，并定期或随时抽查盘点。

3. 对各种有价证券的票面额和号码要保密。

4. 应建立“有价证券保管登记簿”，以便随时掌握各种有价证券的情况。

有价证券保管登记簿式样见表 1-3。

表 1-3　有价证券登记簿

发行年度	期次	面额	利率	张数	号码		合计金额	入库依据	兑换日期			兑换本息		
					起	止			年	月	日	本金	利息	合计

五、空白支票及空白收据的保管

(一)空白支票的保管

在银行存款的额度内,开户单位均可向银行领购支票,企业一般都保留一定数量的空白支票以备使用。支票是一种支付凭证,一旦填写了有关内容,并加盖在银行留存印样的图章后,即可成为直接从银行提取现金或与其他单位进行结算的凭证。所以,在空白支票使用上必须加强管理,同时要采取必要的措施,妥善保管,以免发生非法使用和盗用、遗失等情况,给国家和企业造成不必要的经济损失。

存有空白支票的企业,必须明确指定专人妥善保管。有关部门和人员领用支票一般需填制专门的"支票领用单",说明领用支票的用途、日期、金额,由经办人员签章,并经有关领导批准。

支票由指定的出纳员专人签发。出纳员根据经领导批准的"支票领用单"按照规定要求签发支票,并在支票签发登记簿上加以登记。

各单位不准携带已盖好印鉴的空白支票外出采购。如果采购金额事先难以确定,实际情况又需用空白转账支票结算时,经单位领导同意后,出纳员可签发具有下列内容的空白支票:定时(填写好支票日期)、定点(填写好收款单位)、定用途(填写好支票用途)、定金额(在支票的右上角再加注"限额××元"字样)。各单位签发空白支票要设置"空白支票签发登记簿",实行空白支票领用销号制度,以严格控制空白支票的签发。"空白支票签发登记簿"一般应包括以下内容:领用日期、支票号码、领用人、用途、收款单位、限额、批准人、销号。

空白支票签发登记簿式样如下表 1-4。

表 1-4　空白支票签发(领用)登记簿

支票类别：　　　　　　　　　　　　　　　　　　　　　银行账号：

领用日期 年 月	日	支票号码	用途	限额	领用人	收款单位	批准人	销号日期 月	日	备注

领用人领用支票时要在登记簿“领用人”栏里签名或盖章；领用人将支票的存根或未使用的支票交回时，应在登记簿“销号”栏销号并注明销号日期。

(二)空白收据的保管

空白收据即未填制的收据。空白收据一经填制，并加盖有关印鉴，即可成为办理转账结算和现金支付的一种书面证明，直接关系到资金结算的准确性、及时性和安全性，因此，必须按规定严格加以保管和使用。

空白收据一般应由主管会计人员保管。并建立“空白收据登记簿”，填写领用日期、单位、起始号码，再由领用人签字。收据使用完后，要及时归还、核销。使用单位不得将收据带出工作单位使用，不得转借、赠送或买卖，不得弄虚作假，不得开具实物与票面不相符的收据，更不能开具存根联与其他联不符的收据。作废的收据要加盖“作废”章，各联要连同存根一起保管，不得撕毁、丢失。空白收据登记簿式样见表 1-5。

表 1-5　空白收据登记簿

领用日期 年 月	日	领用单位	起止号码	领用人签名	核销日期	备　注

六、印章的保管

与出纳工作有关的印章主要包括：支票印鉴、“现金收讫”、“现金付讫”、“银行收讫”、“银行付讫”章。支票印鉴一般由会计主管人员或指定专人保管，支票和印章必须由两人分别保管。各种财务印章的保管，原则上应与现金的保管相同，负责保管的人员不得将印章随意存放或带出工作单位。严禁将支票印鉴甚至单位主管人员的名章一并交由出纳人员保管，不然极易使违法违纪人员有可乘之机，给国家和单位造成经济损失。

如果预留银行的支票印鉴需要更换时，应填写“印鉴更换申请书”，同时出具证明情况的公函一并交开户银行，经银行同意后，在银行发给的新印鉴卡的背面加盖原预留银行印鉴，在正面加盖新启用的印鉴。

如果遗失预留银行的支票印鉴，应分别情况更换印鉴。遗失印鉴中的个人名章，应由本单位出具函证；遗失单位公章，应由上级主管部门出具函证，经开户银行同意后，再办理更换印鉴手续。

思考题

1. 什么是出纳？出纳的工作原则有哪些？
2. 单位的出纳岗位应该如何设置？应符合哪些要求？
3. 按照《会计法》的要求，担任出纳的人员应当具备哪些条件？
4. 出纳人员的职业道德内容有哪些？如果你将来担任出纳工作，如何遵守职业道德？
5. 出纳的具体业务要求有哪些？

第二章

出纳基本功

第一节　文字和数字书写规则

《会计基础工作规范》规定，在会计凭证、会计账簿和会计报表上填写的文字以国家公布的简化字为标准，不得自造简化字；填写的文字和数字除字迹须清晰、工整外，还应当符合下列规则：

1. 文字和数字的填写一般应当占本行的下二分之一空距。

2. 阿拉伯数字应当一个一个地书写，不得连笔写，并应当符合下列要求：

(1)手写字体应当自右上方斜向左下方，倾斜度应当一致。

(2)手写数字按格次填写；无格次的，数字间的间距应当相同。

(3)手写"6"应当上出头；手写"7"和"9"应当下出头，并超过底线，出头的长度约为一般字体高度的四分之一；手写"0"时，字高、字宽应当与其他数字相同；手写"6"、"8"、"9"、"0"时，圆圈不留缺口。

(4)填写原始凭证时，阿拉伯金额数字前面应当书写币种符号或者名称简写和币种符号；币种符号与阿拉伯金额数字之间不得留有空白；凡阿拉伯数字前写有币种符号的，数字后面不再写货币单位。人民币符号为"￥"；外币名称简写和符号按国际惯例。

(5)以元为单位(其他货币种类为货币基本单位，下同)的阿拉伯数字，除表示单价等情况外，一律填写到角分，分以下四舍五入；无角分的，角、分位可写"00"，未印有位数的可用符号"一"；有角无分的，分位写"0"，不得用符号"一"代替。

(6)无位数格次填写的阿拉伯数字，元位以上可以每三位数点一个分位点"，"；电子计算机生成的，也可以用半角空格表示。

3. 填写的大写金额数字，应当用汉字正楷或行书体书写，并符合下列要求：

(1)汉字大写金额数字为：零、壹、贰、叁、肆、伍、陆、柒、捌、玖、拾、佰、仟、万、亿、元(圆)、角、分；填写时，不得用0、一、二、三、四、五、六、七、八、九、十、廿、毛、仨、另等字样代替。

(2)大写金额数字到元或者角为止的，在“元”或者“角”字之后应当写“整”字；大写金额数字有分的，“分”字后面不写“整”字。

(3)大写金额数字前未印有货币名称的，应当加填货币名称，货币名称与金额数字之间不得留有空白。常用货币名称为：“人民币”、“美元”、“欧元”、“日元”、“英镑”、“港币”、“澳门元”、“卢布”等。

(4)未印有位数的，填写大写金额数字，阿拉伯金额数字之间有“0”时，应当按以下规定填写：

阿拉伯金额数字之间有“0”时，汉字大写金额要写“零”字。如101.50，汉字大写金额应当写成人民币壹佰零壹元伍角整。

阿拉伯金额数字中间连续有几个“0”时，汉字大写金额中可以只写一个“零”字。如1,004.56，汉字大写金额应当写成人民币壹仟零肆元伍角陆分。

阿拉伯金额数字元位是“0”，或者数字中间连续有几个“0”、元位也是“0”但角位不是“0”时，汉字大写金额可以只写一个“零”字，也可以不写“零”字。如1,320.56，汉字大写金额应当写成人民币壹仟叁佰贰拾元伍角陆分；又如1,000.56，汉字大写金额应当写成人民币壹仟元零伍角陆分，或人民币壹仟元伍角陆分。

(5)印有位数的，填写大写金额数字，阿拉伯金额数字之间有“0”时，应当按以下规定填写：

数字之间有几个“0”，均应逐位填写“零”。

大写金额数字前有空位的，应当在数字前用“⊗”逐位补齐。

第二节　点钞技术

点钞是出纳人员应该学习的一项基本专业技能，一般分为手工点钞和机器点钞两种方法。出纳人员不仅要做到点数准确无误，还必须对损伤票币、伪造币及变造币进行挑拣和处理，保证点钞的质量和速度。

一、点钞的基本要求

出纳在整点票币时应分成两步，先整理挑选好票币再清点数量。由于整点票币是一项极为严肃的工作，必须严格地遵守操作步骤，认真地进行整理和清点，才能避免因疏忽大意造成的经济损失。

1. 点钞的基本步骤

出纳人员进行点钞时，应按以下程序进行操作，避免技术性失误。

(1)准备工作。收到票币前，应保持桌面干净整齐，不得乱放其他杂物，尤其是现金，避免出现混杂不清的情况。

(2)按券别分类。出纳员收到票据后，先按硬币和纸币分类，再按不同的面值分类。硬币应当码齐，纸币应当平放铺开。

(3)整理票币。

①清分票币时，损伤券要挑出来。

②断裂的纸币可用纸粘好，但不得用大头针回形针或订书针随意夹钉。

③对于破损严重难以辨认的损伤票币应予以退回；不便退回的应作书面记录并由交款人确认，待送存银行时按照有关规定办理。

④对于伪造、变造的票币必须当场向有关当事人声明，同时予以退回或作废处理。

⑤对于停止流通的票币应予以退回。

⑥挑选好后，将票币墩好码齐，准备清点。

(4)清点数量。出纳人员清点数量时，按券别由大到小，按一定的要求(如好、烂等分开)清点张(枚)数，进行一次初点。初点后，应采用不同的点钞方法再重点一次，核对无误后即可捆扎并写好数量。

(5)计算金额。根据复点无误的数量与相应的票币面值进行计算，得出现钞的实有金额，最后统计并与收款依据核对金额，确认无误后收好现钞并出具收款单据，完成点钞工作。

2. 点钞的基本原则

点钞在实际工作中，应当遵循以下基本原则：

(1)点准。票币整点的数量必须要准确无误，这是点钞工作的核心，而且由于现钞涉及直接的物质利益，因此整点时必须是当面点清，双方确认。

(2)算对。票币的金额应当计算正确，收款依据(如合同、发票)的金额应当合计准确，两者必须一致。

(3)挑净。出纳人员在挑选整理票币的过程中，必须以严格的标准将损伤币、变造和伪造币挑选干净，防止鱼目混珠，对于辨认不清或存在疑问的票币，必须当场声明并作出相应的处理。

(4)码齐。票币在挑选整理和清点无误后，都应码齐整好，便于存放。

二、手工点钞方法

纸币和硬币因材质不同在点钞时采用不同的方法。

纸币点钞方法很多，以持票方式划分，大体上可分为两种，即手持式点钞和手按式点钞。手持式点钞可分为单指单张点钞、单指多张点钞、多指多张点钞和扇面点钞等方法。手按式点钞也有手按式单张点钞、手按式多指多张点钞和手按式半扇面点钞等方法。这里主要介绍几种使用较普遍、实用性较强的纸币点钞技术。

1. 手持式单指单张点钞方法

这种点钞方法优点是操作时易看清假币和挑选残破币，缺点是速度较慢。点钞方法如下：

(1)点钞时，上身坐直，双肩自然下垂，胸部稍挺，两小臂轻置在桌沿上。左手中指和无名指弯曲分开，夹住钞票一侧，食指伸直托住钞票背面，拇指轻按在钞票正面，将钞票呈半扇面形，指尖压在钞票侧面约 1/3 处，钞票正面和侧面所形成的钝角之角尖正对脸部；右手拇、食、中指蘸水，准备点数。

(2)右手拇指在票上，食指、中指在票下，放在钞票右下角。用拇指向正下方轻轻捻动，每次捻出一张，接着用无名指将捻开的钞票迅速弹拨下来，一捻一弹，相互配合，连续动作，直至点完。注意：拇指捻动钞票动作不宜过大，只用指头的第一关节做轻微动作，而无名指的弹拨动作要适当加力配合，做到“三分捻，七分弹”。

(3)使用该方法在点数时，右手拇指抬得不要过高，幅度要轻、小、准，注意不要漏捻。点钞时如发现有残破钞票，可以用右手中指、无名指夹住折向外边，待点完后抽出。

(4)单指单张点钞计数要求从一开始累计计数。记数时要用心配合手的动作来记，切忌用口念数记数或不用累计计数方法，因为这些不正确方法都会影响点钞速度和点钞准确性。点数时可以采用双数计数法或单数分组计数法，做到心、眼、手三者密切配合。

2. 手按式单指单张点钞方法

该方法适用于整点新旧、大小钞票，尤其是适用于残破币较多的票币，也是初学者常常采用的方法之一。因为点钞时展开票面较大，容易注意票币的质感和外观，便于鉴别变造币和伪造币。这种方法劳动强度相对而言较大，速度也较慢，但十分准确。

(1)准备：将准备清点的钞票横置桌面上，正对点钞者，左右手中指、无名指及小拇指按住钞票左右前角处，空出左右手的拇指、食指，准备点数。

(2)点数：用左手或右手的拇指托起钞票的一小部分，用左手或右手的食指捻动钞票，使最上面的一张与小叠钞票分离，用右手或左手拇指隔开这张已分离的钞票，同时记数。当按上述顺序清点第二张时，右手或左手食指将已点数的钞票隔开，如此动作循环往复，直至将钞票清点完毕。需清点的钞票张数过多，点数中双手把持不住时，可以将已点钞票翻扣在未点的钞票前面，然后再按上述要领继续清点未点钞票。

(3)计数：计数方法同手持式单张点钞的计数方法，要严格从一到百顺序计数。

3. 扇面点钞方法

这种点钞方法适宜于清点新钞，不适宜于新、旧、残、破的混合钞票。优点是点钞速度快，缺点是不便于挑选残破币，而且较费眼力，一般用于复点。

(1)持票。上身坐直，先将钞票竖拿，左手拇指在钞票前，食指、中指同时从钞票后捏住钞票下角，其余两指弯曲靠向手心，右手拇指按住钞票下半部的中间，其余三指卷曲弯向手心，将钞票压成瓦形，以备开扇。

(2)开扇。开扇时以左手做轴(即持票的左手三个手指在原位上动作)，右手食指将钞票向左下方压弯，左手拇指同时向右边做逆时针方向拧动钞票，再用右手拇指将压弯的钞票向左上方推起，右手食指、中指向右捻动钞票，与此同时，左手拇指配合右手捻动，这样反复推动，右手拇指逐渐向下移动至右下角时即可将钞票推成票形。如有扇面不均匀的地方，要用双手持钞票抖开，左半部向左抖，右半部向右抖，直至抖动均匀为止。

(3)一次性开扇。开扇时要求双手相互配合一定要协调，以左手做轴，右手虎口卡住钞票右侧，拇指在前，其他四指从钞票后面将其压成瓦形，从右侧向左侧稍用力往胸前方向转过来向外甩动，这时左手拇指原地不动地从左向左捻动，左右手同时进行，保证扇面一次甩开，间隔均匀整齐。

(4)点数。用一手持票，另一手点数。点数时从打开扇面的一沓钞票的最后一张(从正面看)数起，可按五张以上至十多张的固定张数为一组点数。用拇指指尖将每组张数钞票按开，食指紧随其后将已数钞票与未数钞票分开，拇指继续前移点数，直至完成整叠钞票的点数动作。计数方法是按组顺序记数。

(5)合扇。当一沓钞票点数完毕后，用双手将钞票像合拢折扇一样并拢起来码齐，以便进行整理。

4. 手工清点硬币方法

一般包括整理、清点、记数几个步骤。清点硬币前，应首先将不同面值的硬币分类码齐排好，一般五枚或十枚为一垛。清点时，可将硬币从右向左分组清点，用右手拇指和食指持币分组点数，为了准确，可以用中指分开查看各组数量并复点无误后，即可计算金额，完成硬币清点工作。

三、机具点钞方法

机具点钞可以提高劳动效率，极大地降低出纳员的劳动强度，一般用于现金收支特别频繁的单位。机具点钞按其清点的对象不同，可以分为纸币点钞和硬币清点器两类。

1. 纸币点钞机的使用

纸币点钞的操作较为简单，清点时应注意以下事项：

(1)将待点的钞票码好放在点钞机右侧，已点好的钞票放在左侧，避免清点时混淆。

(2)右手握住钞票，稍用力使钞票略成梯形并将钞票均匀扇开，展平在送钞板上，使点钞机点数时连续读数，同时左手挡在推钞板前准备接钞。

(3)送钞时要帮助钞票依次下滑，避免出现双张。

(4)下钞时，目标应集中在送钞带上，注意钞票的票面有无夹板，发现后应及时挑出。

(5)如点钞机带有验钞功能，在点钞时发现伪钞，应在取出伪钞后，复位继续清点。

(6)钞票清点完毕之后，再复点一遍，看有无掉张漏记，无误后可墩好码齐，结束清点。

2. 硬币清点器的使用

这里介绍使用活动卡齿的平板型硬币清点器时的操作程序。

(1)破卷。双手持待清点成卷硬币,放在刀槽内自右向左轻轻一拉,使包装纸卷破开,顺势将硬币放入清点器币槽内,将包装纸退出,准备点数。

(2)点数。双手拇指推动清点器手柄,使活动卡齿向前运动,将成卷硬币按五枚一组前后错开位置,通过目测看完成点是否在清点器前方的包装纸 1/2 处。双手无名指不要松开,右手拇指从包装纸的底端将纸掀起一张,将硬币兜在纸内压住,然后用双手掌内侧向前推滚硬币卷,在推滚同时用双手无名指、拇指,食指连续三次压封硬币纸卷的两头,完成包装。

第三节　人民币知识

一、人民币

中华人民共和国的法定货币是人民币(可缩写成 RMB),中国人民银行是国家管理人民币的主管机关,负责人民币的设计、印制和发行。人民币的单位为元,人民币的辅币单位为角、分。1 元等于 10 角,1 角等于 10 分。自 1948 年 12 月 1 日发行第一套人民币至今先后发行了五套人民币,其中第一套、第二套和第三套人民币已经退出流通不再使用,目前流通的人民币,是中国人民银行自 1987 年以来发行的第四套人民币和 1999 年发行的第五套人民币,其中以第五套人民币为主。

第五套人民币 1999 年 10 月 1 日发行,共有 1 角、5 角、1 元、5 元、10 元、20 元、50 元、100 元八种面额,其中 1 角、5 角、1 元有纸币、硬币 2 种。2005 年 8 月 31 日,在基本图案不变的情况下,又发行了 2005 年版的第五套人民币,所以当前流通的第五套人民币有 1999 年和 2005 年两种版别。

二、第五套人民币的防伪特征

第五套人民币应用了多项成熟的具有国际先进水平的防伪技术,如固定水印、光变油墨印刷图案、全息磁性开窗安全线、隐形面额数字、横竖双号码、双色横号码、阴阳互补对印图案、胶印缩微文字、红蓝彩色纤维、白水印、硬币边部滚字等多项技术。这些防伪技术的采用,大大提高了人民币的机读能力,便于清分机、验钞机清分、识别。第五套人民币纸币的主要防伪特征如下:

1. 固定水印:均位于各票面正面左侧空白处,迎光透视,可以看立体感很强的水印。100 元、50 元纸币的固定水印为毛泽东头像图案;20 元、10 元、5 元、1 元纸币的固定水印分别为荷花、月季花、水仙花和兰花图案。

2. 手工雕刻头像:各券别正面主景均为毛泽东头像,采用手工雕刻凹版印刷工艺,形象逼真、传神，凹凸感强，易于识别。

3. 隐形面额数字：各券别正面右上方均有一装饰图案，将票面置于眼睛接近平行的位置，面对光源作平面旋转 45°或 90°角，分别可看到面额数字“100”、“50”、“20”、“10”、“5”、“1”字样。

4. 胶印缩微文字：纸币各券别正面或背面胶印图案中，多处均印有缩微文字。100 元券的缩微文字为“RMB”和“RMB100”；50 元卷的为“50”和“RMB50”；20 元卷的为“RMB20”；10 元卷的为“RMB10”；5 元卷的为“RMB5”和“5”的字样，1 元卷的为“人民币”和“RMB1”的字样

5. 雕刻凹版印刷：各卷别正面主景毛泽东头像、“中国人民银行”行名、面额数值、盲文面额标记和背面主景图案(20 元、1 元纸币除外)等均采用雕刻凹版印刷，用手指触摸有明显凹凸感。

6. 冠字号码 1999 版：各券别冠字号码均采用两位冠字、八位号码。100 元、50 元纸币票面正面均采用横竖双号码印刷，横号码均为黑色，竖号码分别为蓝色和红色。20 元、10 元、5 元、1 元票面正面均采用双色横号码印刷，左侧部分均为红色，右侧部分均为黑色。2005 版的 100 元、50 元纸币也改为双色横号码，没有竖号码，原竖号位置改为凹印手感线。

以上为各券别共有的大众防伪特征。

7. 红、蓝彩色纤维：100 元、50 元、20 元、10 元、5 元纸币票面上均可以看到纸张中有不规则分布的红色和蓝色纤维。

8. 安全线：100 元、50 元、20 元、10 元、5 元纸币票面正面中间偏左，均有一条安全线。100 元、50 元纸币的安全线，迎光透视，分别可以看到缩微文字“RMB100”、“RMB50”；10 元、5 元纸币安全线均为开窗式，即安全线局部埋入纸张中，局部裸露在纸面上，开窗部分分别可以看到由缩微字符“￥10”“￥5”组成的全息图案；20 元纸币，迎光透视，则是一条明暗相间的安全线。

9. 光变油墨面额数字：100 元、50 元纸币票面正面左下方分别印有“100”、“50”字样，于票面正面下方分别印有“100”、“50”字样，于票面垂直角度观察分别为绿色和金色，倾斜一定角度则分别为蓝色和绿色。

10. 阴阳互补对印图案：100 元、50 元、10 元纸币票面正面左下角和背面右下角均有一圆形局部图案，迎光透视，均可以看到正背面图案合并组成一个完整的古钱币图案。

11. 白水印：10 元、5 元纸币票面正面在双色横号码下方，迎光透视，分别可以看到透光性很强的水印图案“10”和“5”。

三、目前发现的第五套人民币假币的主要特点

目前发现的第五套人民币假币的主要特点为：

1. 伪造固定人像、花卉水印。假人民币伪造水印的方法有两种：一种是在纸张夹层中涂上白色浆料，迎光透视，水印所在位置的纸张明显偏厚。另一种是在票面正面、背面或正背面同时使用无色或淡黄色油墨印刷类似水印的图案，该图案无需迎光透视也清晰可见，立体感较差。

2. 伪造安全线。假人民币伪造安全线的方法主要有四种：

第一种是在钞票表面，用深色油墨印刷一个线条来伪造全埋式安全线。第二种是在纸张夹层中放置金属或聚酯类线状物来伪造全埋式安全线，该线状物与纸张结合较差，极易抽出。线上的缩微文字也较为粗糙。第三种是使用双层纸张，在正面的纸张上，对应开窗位置留出断口，用以伪造全息开窗安全线，这种伪造的安全线与纸张结合较差，纸表面无全息图案。第四种是用银色金属油墨间断地印刷在纸张表面或是采用烫金的方式在纸张表面间断地烫上金属膜来伪造全息开窗安全线。该种假安全线也无全息图案。

3. 伪造雕刻凹版印刷图案。假人民币的正背面主景图案大多是由细点或实线条组成，图案颜色不正、缺乏层次、明暗过渡不自然。特别是人像图案目光无神，发丝线条模糊，无凹凸感。但是，目前也发现有一部分假币在凹印图案部分涂抹胶水或压痕来模仿凹印效果。

4. 伪造隐形面额数字。假人民币的隐形面额数字是使用无色油墨印刷而成的，图文线条与真币差别较大，而且即使与票面垂直角度观察也可以看到。

伪造胶、凹印缩微文字。在放大镜下观察，假人民币的缩微文字模糊不清或文字不全。

5. 伪造光变油墨面额数字。假人民币一般使用两种方式伪造光变面额数字：一种是用普通单色油墨平版印刷，无真币特有的颜色变换特征，用手触摸无凹凸感。另一种是使用珠光油墨印刷，其变色特征与真币有明显区别，如新版 100 元假币，使用绿色珠光油墨伪造光变面额数字，虽有一定的光泽，但其线条粗糙，只有绿色珠光效应，无变色效果。

6. 伪造有色、无色荧光图案。在紫外线下观察，假人民币要么没有有色、无色荧光图案，要么其颜色及亮度与真币有一定的差别。

四、识别真假人民币的方法

对假币的识别、鉴别、鉴定应采取综合方法。作为出纳人员应该掌握识别真假人民币的方法。现介绍人工鉴别方法和仪器鉴别方法。

(一)人工鉴别方法

1. 眼看。用眼睛仔细地观察票面外观颜色、固定人像水印、安全线、胶印缩微文字、红色和蓝色纤维、隐形面额数字、光变油面额数字、阴阳互补对印图案、横竖双号等。人民币的图案颜色协调，图案、人像层次丰富，富有立体感，人物形象表情传神，色条柔和亮丽;票面中的水印立体感强,层次分明,灰度清晰;安全线牢固地与纸张粘合在一起,并有特殊的防伪标记;阴阳互补对印图案完整、准确;各种线条粗细均匀,直线、斜线、波纹线清晰、光洁。

2. 手摸。依靠手指触摸钞票的感觉来分辨人民币的真伪。人民币是采用特种原料,由专用抄造设备抄制的印钞专用纸张印制,其手感光滑,厚薄均匀,坚挺有韧性,且票面上的行名、盲文、国徽和主景图案一般采用凹版印刷工艺,用手轻轻触摸,有凹凸感,手感与摸普通纸感觉不一样。

3. 耳听。通过抖动使钞票发出声响,根据声音来判别人民币真伪。人民币是专用特制纸张印刷而成的,具有挺括、耐折、不易撕裂等特点。手持钞票用力抖动、手指轻弹或两手一张一弛轻轻对称拉动钞票,均能发出清脆响亮的声音。

4. 检测。检测就是借助一些简单工具和专用仪器进行钞票真伪识别的方法。如借助放大镜来观察票面线条的清晰度、胶、凹印微缩文字等;用紫外灯光照射钞票,观察有色和无色荧光油墨印刷图案,纸张中不规则分布的黄、蓝两色荧光纤维;用磁性检测黑色横号码的磁性。

(二)仪器鉴别法

目前,鉴别伪造币的仪器可分为普及型和专用型两种。专用型鉴别仪器由于价格比较昂贵,操作较复杂,一般单位不宜配置。在这里仅介绍几种常见的检测仪器:

1. 单功能紫外光鉴别仪:该仪器是专门检测紫外发光油墨标记的专用仪器,适用于新版人民币识别真假。

2. 磁感应鉴别仪:该仪器是专门检测磁性防假油墨标记的专用仪器,操作方便、可靠,适用于新版人民币检测。

3. 投射光鉴别仪:主要用来检测钞票水印的真伪。一般为多功能鉴别仪器中的一种功能。

4. 放大镜:一般要求能放大 6～10 倍,借助于放大镜一般可以对比检测真假图案、花纹的细微差别。

5. 多功能鉴别仪:一般为 1、2、4 种功能。功能即为上述四种的不同形式的组合。

6. 点钞机附加防伪装置或防伪点钞机,目前较为流行的是紫外光自动停机或报警的反假装置。

五、日常生活中关于假币的处理方法

1. 发现假币的处理方法

(1)误收假币,不应再使用,应上缴当地银行或公安机关。

(2)看到别人大量持有假币,应劝其上缴,或向公安机关报告。

(3)发现有人制造、买卖假币,应掌握证据,向公安机关报告。

2. 银行收缴假币的程序

根据《中华人民共和国人民币管理条例》的规定，应由两名以上工作人员当面予以收缴，在假币上加盖"假币"字样的戳记，登记造册，向持有人出具由中国人民银行统一印制的收缴凭证，并告知持有人可以向中国人民银行或者向中国人民银行授权的中国工商银行、中国农业银行、中国银行、中国建设银行四家银行申请鉴定。

3. 假币的没收、收缴单位

根据《中华人民共和国人民币管理条例》和《中华人民银行假币收缴、鉴定管理办法》的规定，公安机关和中国人民银行有权没收假币，办理货币存取款和外币兑换业务的金融机构可以收缴假币，除以上单位，其他任何单位和个人均无权没收和收缴假币。

4. 货币的鉴别机构

根据《中华人民共和国人民币管理条例》和《中国人民银行假币收缴、鉴定管理办法》的规定，中国人民银行以及由中国人民银行授权的中国工商银行、中国农业银行、中国银行、中国建设银行的业务机构可以进行货币真伪鉴定。

5. 对银行收缴假币有异议的处理

根据《中华人民共和国人民币管理条例》和《中国人民银行假币收缴、鉴定管理办法》的规定，持有人可以自收缴之日起 3 个工作日内，持《假币收缴凭证》直接或通过收缴单位向中国人民银行当地分支机构或中国人民银行授权的当地鉴定机构提出书面鉴定申请。经鉴定是假币的，将假币退回收缴单位依法收缴，并向收缴单位和持有人出具《货币真伪鉴定书》和《假币没收收据》。经鉴定是真币的，由鉴定单位交收缴单位按照面额兑换完整券退还持有人，并收回《假币收缴凭证》。

六、损伤券的处理

人民币在长期商品交换中，有的纸质松软，有的票面脏污，有的磨损或残缺。群众习惯称之为"破钱"，银行术语称之为"损伤券"。一张人民币即使是已经变旧、变脏、甚至已经破损的仍然可以在商品交换中起到价值职能，一样得到社会的承认。为提高人民币的整洁度，银行出纳部门按照中国人民银行的有关规定，在收入现金过程中，要积极主动办理损伤人民币的挑剔、兑换和回收工作。单位的出纳人员在办理现金收付、整点票币时，应随时把损伤票币挑出来，以配合银行出纳部门的工作。

(一)损伤人民币的参照标准

1. 票面缺少部分损及行名、花边、字头、号码、国徽之一的。

2. 票面裂口超过纸幅 1/3 或损及花边、图案的。

3. 票面纸质较旧，四周或中间有裂缝，或断开而粘补的。

4. 由于油浸、墨污造成脏污面积较大或涂写字迹过多，妨碍票面整洁的。

5. 票面变色严重影响图案清晰的。

6. 硬币残缺、穿孔、变形、磨损、氧化损坏花纹的。

根据中国人民银行公布的《残缺人民币兑换办法》和《残缺人民币兑换办法内部掌握说明》,残缺人民币可以向当地银行办理兑换。

(二)残缺人民币兑换办法的规定

1. 全额兑换

凡残缺人民币属于下列情况之一者,应向中国人民银行全额兑换:

(1)票面残缺不超过1/5,其余部分的图案、文字能照原样连接者。

(2)票面污损、熏焦、水湿、变色,但能辨别真假,票面完整或残缺不超过1/5,票面其余部分的图案、文字能照原样连接者。

2. 半数兑换

票面残缺1/5以上至1/2,其余部分的图案文字能照原样连接者,应向中国人民银行按原面额半数兑换,但不得流通使用。

3. 不予兑换

残缺人民币属于下列情况之一者不予兑换:

(1)票面残缺二分之一以上者。

(2)票面污损、熏焦、水湿、油浸、变色,不能辨别真假者。

(3)故意挖补、涂改、剪贴、拼凑,揭去一面者。

不予兑换的残缺人民币由中国人民银行打洞作废,不得流通使用。

(三)残缺人民币兑换办法

1. 对残缺部分没有另行拼凑替换可能的票券,可从宽掌握兑换:缺少1/4的兑换全额;缺少5/8的可兑换半额;呈正十字缺去1/4者按半额兑换。

2. 对票面污损、熏焦、水湿、油混、部分变色等,能辨别真假者,亦可按上述标准给予兑换。

3. 对于因遭火灾、虫蛀、鼠咬、霉烂等特殊原因而损失严重剩余面积较少或因污染变色严重的票面,可由持票人所在地政府或其工作单位出具证明,经审查来源正当,能分清票面种类,能计算出票券的张数、金额,可予以照顾兑换(例如由于火灾等原因只剩余一小部分经组织证明情况属实可予兑换全额)。对大宗的火灾、虫蛀、鼠咬、霉烂券除需有兑换人所在单位证明外银行还必须认真调查,如情况属实,经兑换行领导在证明上签字盖章,方可兑付。对此项损伤券,为了在销毁时便于检查,应将原证明附上。

4. 对企业误收的图案文字不相连接的拼凑券,可根据其中最大的一块按规定标准兑换。如两半张贴在一起,纸幅基本不短少者,可兑换全额。

5. 凡在流通过程中摩擦受到损伤的硬币中要能辨别正面的国徽或背面的数字,即可兑换全额。

6. 凡经穿孔、裂口,破缺、压薄、变形以及正面的国徽、背面的数字模糊不清的硬币,如确非持币人损毁者,亦可按全额兑回。

7. 兑付额不足一分的不予兑换，五分券按半额兑换。

8. 不予兑换的票券，如持币人不同意打洞，可不打洞；不予兑换的票券和硬币，均可退回原主。

9. 对确系故意损毁人民币者，应将票币没收，并视情节轻重给予批评教育，或交由司法部门依法处理。

10. 兑换的残券，应当着兑换人在票面上加盖“全额”或“半额”戳记。

第四节　保险柜的使用

为了保护财产安全和完整，各单位应配备专用保险柜，专门用于对库存现金、各种有价证券、银行票据、印章及其他出纳票据等的保管。各单位应加强对保险柜的使用管理，制定保险柜使用管理办法，要求有关人员严格执行。

一般保险柜都配有制尾锁、密码锁、弹子锁及防盗报警器等，使用时按上锁顺序操作即可。具体使用方法如下：

密码锁的使用。

一般保险柜有三个密码数字：首先按第一数字顺时针转动两圈对正标数；然后按第二数字逆时针转动一圈，继续转动对正标数；接着再按顺时针转动对正第三数字标数即可。关锁时随意乱转一下即可。

防盗报警器使用：人离时，先拔出钥匙，接上电源把门关上。若再插入本身钥匙或金属品报警器便发出响声。开门后关闭电源，报警即止。

保险柜的使用。

1. 保险柜一般由总会计师或财务处（科、股）长授权，由出纳负责管理。保险柜要配备两把钥匙，一把由出纳保管，供出纳日常工作开启使用，另一把交由保卫部门封存，或由单位总会计师或财务处（科、股）长保管，以备特殊情况下经有关领导批准后开启使用。出纳不能将保险柜钥匙交由他人代为保管。保险柜只能由出纳开启使用，如果单位总会计师或财务处（科、股）长需要对出纳工作进行检查，如检查库存现金限额、核对实际库存现金数额，或有其他特殊情况需要开启保险柜的，应按规定的程序由总会计师或财务处（科、股）长开启。

2. 出纳应将其使用的空白支票（包括现金支票和转账支票）、银行收据、印章等放入保险柜内。保险柜内存放的现金应设置和登记现金日记账，其他有价证券、存折、票据等应按种类造册登记，贵重物品应按种类设置备查簿，登记其品质、重量、金额等。所有财务应与账簿记录核对相符。按财务规定，保险柜内不得存放私人财物。出纳应将自己保管使用的保险柜密码严格保密，不得向他人泄露，以防被他人利用。出纳调动岗位，新出纳应更换使用新的密码。

3. 保险柜应放置在隐蔽、干燥之处，注意通风、防湿、防潮、防虫；保险柜外要经常擦抹干净,保险柜内财物应保持整洁卫生、存放整齐。一旦保险柜发生故障,应到公安机关指定的维修点进行修理,以防泄密或被盗。出纳发现保险柜被盗后应保护好现场,迅速报告公安机关(或保卫部门),待公安机关勘查现场后才能清理财物被盗情况。节假日满两天以上或出纳离开两天以上没有派人代其工作的,应在保险柜锁孔上贴上封条,出纳到位工作后揭封,如发现封条被撕掉或锁孔被弄坏,也应迅速向公安机关或保卫部门报告,以使公安机关或保卫部门及时查清情况,防止不法分子进一步作案。

练习题

1. 练习阿拉伯数字的书写。
2. 练习汉字大写金额数字的书写。
3. 练习点钞技术。
4. 对照熟悉第五套人民币的防伪特征。
5. 练习保险柜的使用方法。

第三章

现金的管理与核算

第一节 现金的管理

现金又称库存现金，是指存放在单位财会部门并由出纳员保管的作为零星开支的现款。由于现金是交换和流通的手段，可当作财富来储藏，其流动性又强，最容易被挪用和侵吞。因此，必须建立一套完善而严密的现金管理制度，以确保现金的安全与完整。

一、现金管理规定

（一）现金使用范围

1. 职工工资、各种工资性津贴。

2. 个人劳动报酬，包括稿费和讲课费及其他专门工作报酬。

3. 支付给个人的各种奖金，包括根据国家规定发给个人的科学技术、文化艺术、体育等各种奖金。

4. 各种劳保、福利费用以及国家规定的对个人的其他现金支出。

5. 向个人收购农副产品和其他物资的价款。

6. 出差人员必须随身携带的差旅费。

7. 结算起点（1 000 元）以下的零星开支。

8. 中国人民银行确定需要支付现金的其他支出。

按照以上现金使用范围的规定，在银行开户的单位，也只有在下列范围内才能收受现金，其他收入则一律通过银行办理结算。

1. 剩余差旅费和归还备用金等个人的交款。

2. 对个人或不能转账的集体单位的销售收入。

3. 不足转账起点（1 000 元）的小额收款，如小额销售收入。

（二）库存现金限额的管理

库存现金限额是指为保证各单位日常零星开支需要，经开户银行核定允许留存现金的最高数额。库存现金限额，由单位提出计划，开户银行根据开户单位的实际需要和距离银行远近等情况核定，其限额一般按照单位3～5天的日常零星开支所需现金确定。远离银行机构或交通不便的单位可依据实际情况适当放宽限额，但最高限额不得超过15天的日常零星开支。

核定库存现金限额的公式如下：

计算期库存现金限额＝每日平均零星开支×核定天数

单位每日现金结存数，不得超过核定的限额，超过部分，应及时送存银行；不足限额时，可签发现金支票到银行提取现金补足。单位如因业务发展变化需要增加库存现金限额或减少现金的库存限额时，可向银行提出申请，由开户银行重新核定。

（三）日常现金收支的管理

1. 单位收到现金收入应当于当日送存开户银行，向银行送存的现金必须在"现金缴款单"上注明来源。

2. 单位签发现金支票，从开户银行提取现金，应当写明用途，不准编造和谎报用途套取现金，并由本单位财会部门负责人签字盖章（此章应为预留银行印鉴之一），经开户银行审核后，方能支取现金。

3. 单位支付现金，可以从本单位的库存现金额中支付或从开户银行提取，不得从本单位的现金收入中直接支付（坐支），也就是说，本单位取得现金收入要及时存入银行，不能直接用于现金的支付。因特殊情况需要坐支现金的，应当事先报经开户银行审核批准，由开户银行核定坐支范围和限额。坐支单位必须在现金账上如实反映坐支金额，并定期向开户银行报送坐支金额和使用情况。

4. 因采购地点不确定、交通不便、抢险救灾以及其他特殊情况，办理转账结算不够方便，必须使用现金的开户单位，要向开户银行提出书面申请，由本单位财会部门负责人签字盖章，开户银行审查批准后，予以支付现金。

5. 不准用不符合财务制度的凭证顶替库存现金。

6. 不准单位之间相互借用现金。

7. 不准将单位收入的现金以个人名义存入储蓄，不准保留账外公款（即小金库）。

8. 禁止发行变相货币，不准以任何票券代替人民币在市场上流通。

单位应严格遵守《现金管理暂行条例》，如有违犯，开户银行有权责令其停止违法活动，并根据情节轻重给予警告或罚款。

二、现金存取业务的办理

（一）现金送存银行

首先，出纳员要先清点票币，票币清点程序为：出纳员将同等的面额纸币摆放在一起，然后按每100张为一把整理好，不够整把的，从大额到小额顺序排放；将同额硬币放在一起，按每100枚用纸卷成一卷，不足一卷的一般不送存银行，留作找零用。然后，将款项清点整齐并核对无误后，由出纳员填写"现金缴款单"。"现金缴款单"一式二联，第一联为回联，银行盖章后交给送款单位；第二联为银行收入传票（银行据以记账的书面证明）联；“现金缴款单”样式见表 3-1。

表 3-1

中国农业银行 现金缴款单
AORICULTUAL BANK OF CHINA

年　月　日　　　　序号：

客户填写部分	收款人户名										
	收款人账号						收款人开户行				
	缴　款　人						款项来源				
	币种(√) 人民币□ 外币:	大写：							亿千百十万千百十元角分		
	券别	100元	50元	20元	10元	5元	2元	1元			辅币(金额)
	张数										
银行填写部分	日期： 金额：			日志号： 终端号：			交易码： 主　管：		币种： 柜员：		

第一联 银行记账凭证

制票：　　　复核：

出纳员在填写“现金缴款单”时，要用双面复写纸复写，交款日期必须填写交款当日，交款单位名称应填写全称，款项来源要如实填写，大小写金额的书写要标准。券种和张数栏按实际送款时各种券面的张数填写。然后将款项连同“现金缴款单”一并交银行收款窗口收款。银行核对收款后盖章，并将回单联交存款单位作原始凭证。

（二）现金的提取

单位需要现金时，出纳员签发现金支票，到开户银行提取现金。出纳员在签发现金支票时，应填明签发日期、收款人名称、金额、用途等项目，并在现金支票的正面、背面加盖预留银行印鉴。现金支票的样式见表 3-2 和表 3-3。

表 3-2

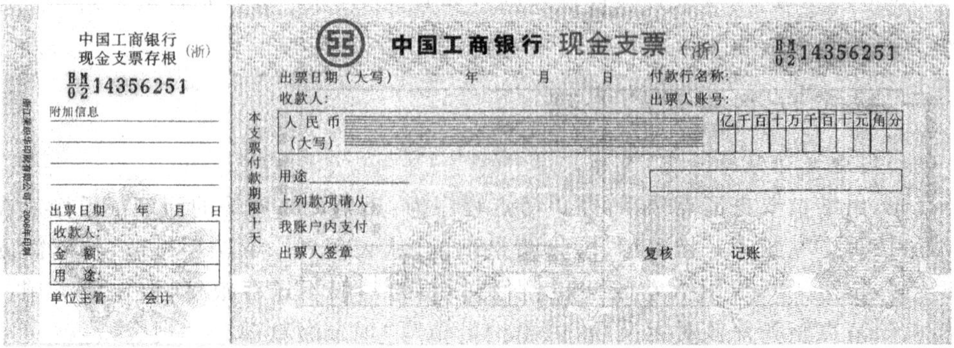
中国工商银行
现金支票存根（浙）
BM 02 14356251
附加信息
出票日期　年　月　日
收款人：
金　额：
用　途：
单位主管　会计

中国工商银行 现金支票（浙）　BM 02 14356251
出票日期（大写）　年　月　日　付款行名称：
收款人：　出票人账号：
本支票付款期限十天
人民币（大写）　亿千百十万千百十元角分
用途
上列款项请从
我账户内支付
出票人签章　复核　记账

表 3-3

附加信息：	收款人签章 年　月　日
	身份证件名称：　　发证机关：
	号码

（贴粘单处）

第二节　现金的核算

为了总括地核算和监督企业库存现金的收入、付出和结存情况，企业应设置“库存现金”账户，进行总分类核算。“库存现金”账户属于资产类账户，借方登记现金收入（增加）数，贷方登记现金的付出（减少）数，余额在借方，表示库存现金的结存数。企业内部各部门周转使用的备用金，在“其他应收款”账户或“备用金”账户核算，不在“库存现金”账户核算。

一、现金核算的原始凭证

为了保证每笔现金收支业务的合理、合法，保证会计核算的正确性，单位发生的每笔现金收入、付出业务都必须以审核无误的原始凭证作为书面证明。

（一）现金收入原始凭证

1. 单位从银行提取现金，应以现金支票的存根联作为向银行提款收入现金的原始凭证（现金增加了，银行存款减少了）。

2. 收进小额零星销货款，应以财务部门开具的销售发票的记账联作为收入现金的原始凭证。

3. 收到职工交还的借款等各种零星非销货款，应以收款时所开具的收款收据的会计记账联作为收入现金的原始凭证。

（二）现金付出原始凭证

1. 单位将现金存入银行，应以银行盖章后退回的缴款单回执联作为银行存款收入和付出现金的原始凭证（现金减少，银行存款增加了）。

2. 单位职工出差预借差旅费款，应以经有关领导批准的借款单作为支付现金的原始凭证。

3. 单位支付职工工资、奖金、津贴等应以经领款人签字的工资结算单等支出凭证作为支付现金的原始凭证。

4. 购买各种零星用品的支出，应以所购物品的发票及使用部门的有关人员或仓库保管员签收的入库单作为支付现金的原始凭证。

二、现金日记账的设置和启用

（一）库存现金日记账的设置

单位只要有现金收付业务发生，就必须设置库存现金日记账。并且必须采用订本式账簿，不得使用活页账。各单位应做到：有钱就有账，以账管钱，收付有记录，清查有手续，保证现金的合理使用和安全完整。

库存现金日记账的启用。

库存现金日记账是各单位重要的经济档案之一，为保证账簿的合理性，明确经济责任，防止舞弊行为，保证账簿资料的完整和便于查找，在启用新账簿时，应当在账簿账夹封里或扉页上设置“经管人员一览表”，其格式见表 3-4。

表 3-4　经管人员一览表

<table>
<tr><td colspan="2">单位名称
账簿名称</td><td colspan="2"></td><td>全宗号
目录号</td><td></td></tr>
<tr><td colspan="2" rowspan="2">账簿页数</td><td colspan="2" rowspan="2">自第　　页起至第　　页止
共　　页</td><td>案宗号</td><td></td></tr>
<tr><td>盒号</td><td></td></tr>
<tr><td colspan="2">使用日期</td><td colspan="2">自　　年　　月　　日
至　　年　　月　　日</td><td colspan="2">保管期限</td></tr>
<tr><td colspan="2">单位领导人
签　章</td><td></td><td colspan="2">会计主管
人员签章</td><td></td></tr>
<tr><td>经管人员
职　别</td><td>姓名</td><td>经管或接管日期</td><td>签章</td><td>移交日期</td><td>签章</td></tr>
<tr><td></td><td></td><td>年　月　日</td><td></td><td>年　月　日</td><td></td></tr>
<tr><td></td><td></td><td>年　月　日</td><td></td><td>年　月　日</td><td></td></tr>
</table>

“经管人员一览表”的内容包括：账簿名称、启用日期、账簿起止页数（活页账在订本后填写）、记账人员和会计机构负责人、会计主管人员姓名等，并加盖人名章和单位公章。当记账人员或者会计机构负责人、会计主管人员调动工作时，也要在“启用表”上注明交接日期、经办人员和监交人员姓名，并由交接双方签字或者盖章。这样做的目的是为了明确有关人员的责任，加强有关人员的责任意识，维护会计账簿记录的严肃性。

三、现金日记账的格式和登记方法

（一）现金日记账的格式

为了加强库存现金日记账的管理，防止账页的散失和随意抽换，以及便于查阅，手工记账单位、现金日记账必须采用订本式账簿。

现金日记账的账页格式一般采用设有“借方”、“贷方”、“余额”三栏式结构的账页。现金日记账的格式见表3-5。

（二）现金日记账登记方法

在现金核算中，出纳员主要是根据涉及现金业务的凭证序时、逐笔、依次地登记现金日记账簿。通过登记账簿，将分散的、零星的现金业务指标汇集反映在一起，系统地或分类地提供总括的现金核算指标，为加强现金管理提供规律性资料。

1. 现金日记账登记要求

(1)分工明确，出纳负责。

(2)凭证齐全，内容完整，数字真实、准确，书写工整。

(3)摘要简明扼要、清楚，便于查阅。

(4)登记及时，账款相符。

(5)按期结账，不拖延积压。

(6)不漏记，不重记，不错记，不误记，若发生记账错误，必须按照规定的方法进行更正。

(7)账目清晰、美观，责任明确。

2. 现金日记账登记的具体方法

(1)出纳人员每日依据审核无误的现金收款凭证、现金付款凭证和银行存款付款凭证（指到银行提取现金业务）逐笔登记现金日记账。出纳员在办理收、付款时，应当对收、付款凭证进行审核，并以审核无误后的现金收、付款凭证及所附原始凭证作为登记现金日记账的依据。

注意：从银行提取现金业务，只填制银行付款凭证，不填制现金收款凭证，因此，现金的收入数，应根据银行存款付款凭证登记。

(2)现金日记账所记载的内容必须与现金收款凭证和现金付款凭证相一致。每笔经济业务都要按记账凭证的“日期”、“会计凭证编号”、“摘要”、“金额”和“对应科目”登记。现金日记账应按经济业务发生先后顺序逐笔分行登记，不得将收、付款凭证合并在一行栏目内登记，也不得将收、付款相抵后以差额数字进行登记。

登记完毕后，应逐项审核，在确定审核无误后，在记账凭证上的“记账”栏内打“√”，表示已经登记入账，并在记账凭证的下方签上自己的名字或加盖印章，以示负责。

(3)登记现金日记账要使用钢笔、碳素笔，用蓝黑或黑墨水书写，不得使用圆珠笔或铅笔书写。当出现错误，采用红字冲账凭证冲销错误或按照会计制度红字登账的有关规定登账时，可用红墨水记账。为防止字迹模糊，墨迹未干时不要翻动账页，特别是夏天记账时，可在手臂下垫一块软质布或纸板等书写，以防汗迹渗入账页。

表 3-5 库存现金日记账

年		凭证号码		摘要	对方科目	借方									贷方									余额								
月	日	种类	编号			百	十	万	千	百	十	元	角	分	百	十	万	千	百	十	元	角	分	百	十	万	千	百	十	元	角	分

(4)出纳员在登记现金日记账时，应按文字和数字书写规则登记账页。

(5)出纳员在登记现金日记账时，必须连续登记，不得跳行、隔页，不得随意撕掉账页和更换账簿，即使是作废的账页也应当保留在账簿中；在一个会计年度内，任何人不得以任何借口更换账簿或重新抄账簿；记账时必须按页次、行次、位次顺序登记，若不慎发生跳行、隔页时，出纳员应在空行或空页中间划线加以注销，或在此空行、空页上注明“此行空白”或“此页空白”字样，并加盖出纳员名单，以示负责。

(6)出纳员应逐笔、序时登记现金日记账，每日终了计算出库存现金的结余(即日清)。为了及时掌握现金收付和结余情况，当日发生的有关现金收付业务必须要当日入账。每日终了应分别计算出当日现金收入和支出的合计数以及账面结余额。并将现金日记账的账面余额与库存现金实有数进行核对，做到账款相符。

(7)现金日记账每一页登记完后，必须按规定转页。为了便于计算了解现金日记账中连续记录的当月累计数额，并使前后账页的合计数据相互衔接，在每一账页登记完毕转接下一页时，须在本页的最末一行摘要栏写上“过次页”字样，并在下一页的第一行摘要栏写上“承前页”的字样，然后将“发生额合计数和余额”结出并结转下页。这里所说的“发生额合计数”应为本月月初至本页止的发生额合计数，这样，就可以根据“过次页”的合计数随时了解本月初至本页末止共收入现金多少，共支出现金多少，也便于月末结账时加计“本月合计”数。

(8)现金日记账不仅要逐日结出余额，还要按规定结账。

(9)出纳员在登记现金日记账发生记录错误时，必须按照规定的方法进行更正。为了提供在法律上有证明效力的核算资料，保证现金日记账的合法性，现金日记账不得任意涂改，严禁擦、挖、刮、补，或使用化学药物清除字迹。当现金收、付款凭证编制正确，只有出纳员在登记现金日记账时，发生笔误错误，可采用划线更正法进行更正。当出纳员发现现金日记账发生错误是由于现金收、付款凭证编制错误造成的，出纳员应把错误的凭证退还给原编制的会计人员，根据重新接到的红字凭证或补充凭证，分别采用红字更正法或补充登记法进行更正。

(10)出纳员在登记现金日记账时，要认真仔细，一丝不苟，谨防串户(如误将银行存款日记账当作现金日记账)、反方向记录(即收方金额误记付方金额)或看错、写错数字。

为了保持账页的美观，每一页的第一笔经济业务的年、月应在年、月栏中填写，只要不跨年或月度，以后本页再登记时，一般不填月份，只填日期。跨月登记时，应在上月的月结线下的月份栏内填写新的月份。

第三节　现金日记账登记实例

某企业 2007 年 3 月 8 日,"现金日记账"余额为 728 元,3 月 9 日发生如下现金收付业务:

序号	经济业务	凭证编号	会计分录
1	采购员购办公用品 260 元,用现金支付	现付 1	借:管理费用　260 　贷:库存现金　260
2	出纳员从银行提取现金 1 000 元,备用	银付 1	借:库存现金　1 000 　贷:银行存款　1 000
3	采购员李明借差旅费 500 元,以现金支付	现付 2	借:其他应收款——备用金(李明)　500 　贷:库存现金　500
4	现金收到零星销货款 700 元,增值税 119 元	现收 1	借:库存现金　819 　贷:主营业务收入　700 　贷:应交税费　119
5	行政人员张均报销会计人员后续教育费用 400 元	现付 3	借:应付职工薪酬 　——职工教育经费　400 　贷:库存现金　400
6	职工张红报销医药费 135 元,用现金支付	现付 4	借:应付职工薪酬——职工福利　135 　贷:库存现金　135
7	机修理工邵楠报销修理用配件 232 元,以现金支付	现付 5	借:原材料　232 　贷:库存现金　232
8	出纳员将销货收到的现金 819 元存入银行	现付 6	借:银行存款　819 　贷:库存现金　819

库存现金日记账登记如下:

库存现金日记账

2007年		凭证号码		摘要	对方科目	借方									贷方									余额								
月	日	种类	编号			百	十	万	千	百	十	元	角	分	百	十	万	千	百	十	元	角	分	百	十	万	千	百	十	元	角	分
3	8																											7	2	8	0	0
	9	现付	1	略	管理费用														2	6	0	0	0									
	9	银付	1		银行存款				1	0	0	0	0	0																		
	9	现付	2		其他应收款														5	0	0	0	0									
	9	现收	1		主营业务收入					8	1	9	0	0																		
	9	现付	3		应付职工薪酬														4	0	0	0	0									
	9	现付	4		应付职工薪酬														1	3	5	0	0									
	9	现付	5		原材料														2	3	2	0	0									
	9	现付	6		银行存款														8	1	9	0	0									
	9			小计					1	8	1	9	0	0				2	3	4	6	0	0					2	0	1	0	0

思考题

1. 简述现金使用范围。

2. 试述日常现金收支的管理

练习题

1. 练习现金缴款单的填制。

之江油泵油嘴厂，开户银行之江市工行，账号 40 234，2007 年 12 月 29 日，销售给某个体户产品 5 060元，收到现金。其中 100 元券 40 张，50 元券 21 张，10 元券 1 张。根据上述资料填制一张现金缴款单。

2. 练习现金支票的开具。

单位资料同上题，2007 年 10 月 9 日，向银行提取现金 10 150 元备用，请开具一张现金支票。

3. 练习现金日记账的登记

某公司 2007 年 12 月 1 日，现金余额为 3 000 元，12 月 2 日发生下列经济业务：

1. 开出现金支票 2 000 元，提取现金备用
2. 收到沿河公司小额销售货款价税合计 585 元，收取现金
3. 王小二报销差旅费 785 元，原预支 800 元，收回现金 15 元。
4. 张三预借差旅费 1 000 元，以现金支付。
5. 办公司报销购买办公用品款 682.80 元，以现金支付。
6. 职工汪远报销医药费 80.50 元，以现金支付。
7. 开出现金支票提取现金 35 000 元，备发工资
8. 发放工资，其中：实发工资 31 336 元，代扣款项 2 964 元。
9. 将现金 3 000 元送存银行。

根据上述业务登记现金日记账。

第四章

银行存款的管理与核算

第一节 银行存款的管理

银行存款是指企业存放在银行和其他金融机构的货币资产，包括人民币存款和外币存款。按照国家现金管理制度和银行结算制度，以及银行账户管理办法的规定，实行独立核算的企业，必须在银行开设账户，以办理银行存款的存、取款和转账业务。

一、单位结算账户

存款人以单位名称开立的银行结算账户为单位银行结算账户。单位结算账户按用途分为基本存款账户、一般存款账户、专用存款账户、临时存款账户。个体工商户凭营业执照以字号或经营者姓名开立的银行结算账户纳入单位银行结算账户管理。

基本存款账户是存款人因办理日常转账结算和现金收付需要开立的银行结算账户。存款人只能在银行开立一个基本存款账户，其他银行结算账户的开立必须以基本存款账户的开立为前提，必须凭基本存款账户开户许可证办理开户手续，并在基本存款账户开户登记证上进行相应登记。但临时机构和注册验资需要开立的临时存款账户除外。

一般存款账户是存款人因借款或其他结算需要，在基本存款账户开户银行以外的银行营业机构开立的银行结算账户。

专用存款账户是存款人按照法律、行政法规和规章，对其特定用途资金进行专项管理和使用而开立的银行结算账户。

临时存款账户是存款人因临时需要并在规定期限内使用而开立的银行结算账户。其最长有效期限为两年。

二、单位银行结算账户的开立

单位申请开立单位银行结算账户，由法定代表人或单位负责人直接办理的，应出具法定代表人或单位负责人的身份证件；授权他人办理的，还应出具其法定代表人或单位负责人的授权书及其身份证件，以及被授权人的身份证件。授权书中应对被授权人的姓名及其身份证件、权限等内容做明确说明，并在授权书上加盖单位公章及法定代表人或单位负责人签章。

开户银行必须对存款人提交的开户资料进行真实性、完整性、合规性审查。银行部门按“了解你的客户”原则，确定客户真实身份，确保存款人开户身份的真实、可靠。

银行为存款人开立银行结算账户，应与存款人签订《银行结算账户管理协议书》，明确双方的权利与义务。除中国人民银行另有规定的以外，应建立存款人预留印鉴卡片，并将印鉴式样和有关证明文件的原件或复印件留存归档。

（一）基本存款账户

1. 申请

存款人需填写开户申请书格式见表 4-1。

表 4-1　开立单位银行结算账户申请书

存款人名称			电　话	
地　　址			邮　编	
存款人类别		组织机构代码		
法定代表人（　） 单位负责人（　）	姓　　名			
	证件种类		证件号码	
行业分类	A（　）B（　）C（　）D（　）E（　）F（　）G（　）H（　）I（　）J（　） K（　）L（　）M（　）N（　）O（　）P（　）Q（　）R（　）S（　）T（　）			
注册资金		地　区　代　码		
经营范围				
证明文件种类		证明文件编号		
税务登记证 （国税或地税）编号				
关联企业	关联企业信息填列在“关联企业登记表”上。			
账户性质	基本（　　）　一般（　　）　专用（　　）　临时（　　）			
资金性质		有效日期至	年　月　日	

以下为存款人上级法人或主管单位信息：

<table>
<tr><td colspan="2">上级法人或主管单位名称</td><td colspan="3"></td></tr>
<tr><td colspan="2">基本存款账户开户许可证核准号</td><td></td><td>组织机构代码</td><td></td></tr>
<tr><td rowspan="3">法定代表人（ ）
单位负责人（ ）</td><td>姓　　名</td><td colspan="3"></td></tr>
<tr><td>证件种类</td><td colspan="3"></td></tr>
<tr><td>证件号码</td><td colspan="3"></td></tr>
</table>

以下栏目由开户银行审核后填写：

<table>
<tr><td>开户银行名称</td><td></td><td>开户银行代码</td><td></td></tr>
<tr><td>账　户　名　称</td><td></td><td>账　　号</td><td></td></tr>
<tr><td colspan="2">基本存款账户开户许可证核准号</td><td></td><td>开户日期</td></tr>
<tr><td colspan="2">本存款申请开立单位银行结算账户，并承诺所提供的开户资料真实、有效。

存款人（公章）
年　月　日</td><td>开户银行审核意见：

经办人（签章）
银行（签章）
年　月　日</td><td>人民银行审核意见：
（非核准类账户除外）

经办人（签章）
人民银行（签章）
年　月　日</td></tr>
</table>

填写说明：1. 申请开立临时存款账户，必须填列有效日期；申请开立专用存款账户，必须填列资金性质。

2. 该行业标准由银行在营业场所公告。“行业分类”中各字母代表的行业种类如下：A. 农、林、牧、渔业；B. 采矿业；C. 制造业；D. 电力，燃气及水的生产供应业；E. 建筑业；F. 交通运输、仓储和邮政业；G. 信息传输、计算机服务及软件业；H. 批发和零售业；I. 住宿和餐饮业；J. 金融业；K. 房地产业；L. 租赁和商务服务业；M. 科学研究、技术服务和地质勘察业；N. 水利、环境和公共设施管理；O. 居民服务和其他服务业；P. 教育业；Q. 卫生、社会保障和社会福利业；R. 文化、教育和娱乐业；S. 公共管理和社会组织；T. 其他行业。

3. 带括号的选项填，“√”

4. 本申请书一式三联，一联开户单位留存，一联开户银行留存，一联中国人民银行当地分支行留存。

存款人填写开户申请书时需提供下列证明文件：

（1）企业法人，应出具企业法人营业执照。

（2）非法人企业，应出具企业营业执照。

（3）机关和实行预算管理的事业单位，应出具政府人事部门或编制委员会的批文或登记证书。预算单位开户申请书统一使用财政局印制的申请书。在向人民银行送交开户资料时，必需按照《人民币银行结算账户管理办法》的规定，提交政府人事部门或编制委员会的批文或登记证书和财政部门审核同意的申请书；非预算管理的事业单位，应出具政府人事部门或编制委员会的批文或登记证书。

(4)军队、武警团级(含)以上单位以及分散执勤的支(分)队，应出具军队军级以上单位财务部门、武警总队财务部门的开户证明。

(5)社会团体，应出具社会团体登记证书，宗教组织还应出具宗教事务管理部门的批文或证明。

(6)民办非企业组织，应出具民办非企业登记证书。

(7)异地常设机构，应出具其驻地政府主管部门的批文或外地驻本地机构登记证。

(8)个体工商户，应出具个体工商户营业执照。

(9)居民委员会、村民委员会、社区委员会，应出具其主管部门的批文或证明。

(10)独立核算的附属机构，应出具其主管部门的基本存款账户开户登记证和批文。

(11)其他组织，应出具政府主管部门的批文或证明，其他组织是指按照现行法律法规规定可以成立的组织。如业主委员会、村民小组等。村民小组，应提供乡镇政府出具的证明。

上述提供的资料要符合以下要求：

(1)存款人出具的营业执照、证书批文等必须是正本。

(2)存款人为从事生产、经营活动纳税人的，必须按照《人民币银行结算账户管理办法》及《中华人民共和国税收征收管理法实施细则》的规定，向开户银行提交国税、地税登记证。根据国家有关规定无法取得税务登记证的，应出具相关证明。

(3)异地开立基本存款账户必须出具注册地中国人民银行分支行出具的未开立基本存款账户的证明；如其注册地已运行账户管理系统的，可不出具未开立基本存款账户的证明。

存款人提交的《开户申请书》，要注意以下几点：

(1)银行结算账户性质选择是否正确，要素填写是否齐全、准确。

(2)《开户申请书》所填写的要素与开户证明文件上记载的内容是否一致。

(3)存款人应在《开户申请书》上加盖公章，公章单位名称应与开户证明文件上记载的单位名称一致，单位名称较长的，可以使用规范化简称，但须在《银行结算账户管理协议》上就相关事项及责任予以约定。单位独立核算的附属机构其账户名称为主管单位加附属机构名称。

(4)存款人有上级法人或主管单位的，应当填写上级法人或主管单位的相关信息，有关联企业的应填写关联企业的名单。

2. 报批手续

开户银行经审核符合开户条件的在《开户申请书》上签署审核意见、加盖业务专用章及经办人员签章；然后将《开户申请书》及开户资料报当地人民银行审批，人民银行经审核同意核发开户许可证一式二联，一联开户银行留存，一联由开户银行转交存款人。

符合开户条件的，开户银行收到开户许可证、二联加盖当地人民银行分支行行政许可专用章和经办员签章的《开户申请书》后，留存一联《开户申请书》，将新的开户许可证、一联《开户申请书》转交存款人。

开户许可证式样见表 4-2 所示。

表 4-2

开户许可证

核准号:　　　　　　　　　　　　　　　　　　编 号:

经审核，____ __________________ 符合开户条件，准予开立基本存款账户。

法定代表人（单位负责人）____________ 开户银行 ________________

账　号 __________________

发证机关

年　月　日

（二）一般存款账户

一般存款账户的开户申请与基本存款账户的申请相同，但其账户的开立只需开户银行审核批准即可。

一般存款账户开户申请时应注意的事项：

1. 一般存款账户不能在存款人基本存款账户的开户行（指同一营业机构）开立。

2. 临时机构已在住所地开立一个临时存款账户，不能申请开立一般存款账户。

3. 存款人必须出具存款人的基本存款账户开户许可证和开立基本存款账户的证明文件以及开立一般存款账户所需的借款合同和其他结算需要的有关证明。

（三）专用存款账户

存款人申请开立专用存款账户，应向银行提交开户申请书并出具基本存款账户开户许可证和开立专用账户的证明文件。

1. 预算单位开立专用存款账户需提供的资料

(1)基本建设资金、更新改造资金、政策性房地产开发资金、住房基金、社会保障基金,应出具主管部门批文。

(2) 财政预算外资金,应出具财政部门的证明。

(3) 党、团、工会设在单位的组织机构经费,应出具该单位或有关部门的批文或证明。

(4)其他按规定需要专项管理和使用的资金,应出具有关法规、规章或政府部门的有关文件。

(5)行政事业单位申请开立专用存款账户的,还必须提供其基本存款账户的开户许可证和规定的证明文件。

2. 非预算单位开立专用存款账户需提供的资料

(1)基本建设资金、更新改造资金、政策性房地产开发资金、住房基金、社会保障基金,应出具主管部门批文。

(2)粮、棉、油收购资金,应出具主管部门批文。

(3)单位银行卡备用金,应按照中国人民银行批准的银行卡章程的规定出具有关证明和资料。

(4) 证券交易结算资金,应出具证券公司或证券管理部门的证明。

(5) 期货交易保证金,应出具期货公司或期货管理部门的证明。

(6)金融机构存放同业资金,应出具其证明。

(7)收入汇缴资金和业务支出资金,应出具基本存款账户存款人有关的证明。

(8) 党、团、工会设在单位的组织机构经费,应出具该单位或有关部门的批文或证明。

(9)其他按规定需要专项管理和使用的资金,应出具有关法规、规章或政府部门的有关文件。

3. 注意事项

(1)同一证明文件只能申请开立一个专用存款账户。

(2)其他专项资金需开立专用存款账户,需提交法律、法规或县级以上政府部门的文件。

(3)存款人提交《开户申请书》,银行结算账户性质选择是否正确;要素填写是否齐全、准确;签章是否规范;申请设立专用存款账户须填明资金性质。

(4)临时机构已在住所地开立一个临时存款账户,不能申请开立专用存款账户。

(5)存款人可以在基本存款账户开户行申请开立专用存款账户。

(6)附属的非独立核算单位或派出机构因收入汇缴资金和业务支出资金需要开立专用存款账户的,其账户名称应使用隶属单位的名称。

(7)存款人以单位名称后加资金性质开立专用存款账户时,《开户申请书》填写的账户名称为“单位名称后加资金性质”。

（四）临时存款账户

开设临时存款账户需提供以下资料。

1. 临时机构，应出具其驻在地主管部门同意设立临时机构的批文。

2. 异地建筑施工及安装单位，应出具其营业执照正本或其隶属单位的营业执照正本，以及施工及安装地建设主管部门核发的许可证或建筑施工及安装合同。

3. 异地从事临时经营活动的单位，应出具其营业执照正本以及临时经营地工商行政管理部门的批文。

4. 注册验资资金，应出具工商行政管理部门核发的企业名称预先核准通知书或有关部门的批文。

5. 异地建筑施工及安装单位、异地从事临时经营活动的单位还应出具其基本存款账户开户登记证。

开户银行对符合开户条件的，在《开户申请书》上签署审核意见并加盖业务专用章及经办人员签章；同时在《开户申请书》上填写有关内容：开户银行名称、开户银行机构代码、账号、开户日期等。同时将开户资料报当地人民银行核准（注册验资的临时存款账户无须报人行核准）。

开设临时存款账户需注意的事项：

1. 存款人出具的营业执照、证书、批文等必须是正本。

2. 存款人为临时机构的，只能在住所地开立一个临时存款账户，不得开立其他银行结算账户；存款人在异地从事临时经营活动的，只能在临时活动地开立一个临时存款账户。建筑施工及安装单位企业在异地同时承建多个项目，可根据建筑施工及安装合同开立不超过项目合同数的临时存款账户。

3. 财政预算单位不得开立临时存款账户。

4. 存款人提交《开户申请书》中，应填写账户有效日期，有效日期应当根据开户证明文件的期限确定，最长不得超过 2 年。异地建筑施工及安装单位、异地从事临时经营活动的单位还须填写基本存款账户许可证的核准号。

三、单位结算存款账户的使用

存款人开立单位银行结算账户，自正式开立之日起 3 个工作日后，方可办理付款业务。但注明验资的临时存款账户转为基本存款账户和因借款转存开立的一般存款账户除外。“正式开立之日”，对于核准类银行结算账户，为中国人民银行当地分支行的核准日期；对于非核准类银行结算账户，为银行为存款人办理开户手续的日期。

单位从其银行结算账户支付给个人银行结算账户的款项，每笔超过 5 万元的，应向其开户银行提供下列付款依据：代发工资协议和收款人清单；奖励证明；新闻出版、演出主办等单位与收款人签订的劳务合同或支付给个人款项的证明；证券公司、期货公司、信托投资公司、奖券发行或承销部门支付或退还给自然人款项须有证明；债权或产权转让协议；借款合同；保险公司的证明；税收征管部门的证明；农、副、矿产品购销合同；其他合法款项的证明。

从单位银行结算账户支付给个人银行结算账户的，税收代扣单位付款时应向其开户银行提供完税证明。

（一）单位银行结算账户的使用

基本存款账户：

1. 基本存款账户是存款人的主办账户。存款人日常经营活动的资金收付及其工资、奖金和现金的支付，应通过该账户办理。

2. 单位银行卡账户的资金必须由其基本存款账户转账存入。

一般存款账户：

该账户可以办理现金缴存，但不得办理现金支取。

专用存款账户：

1. 财政预算外资金、证券交易结算资金、期货交易保证金和信托基金专用存款账户不得支取现金。

2. 基本建设资金、更新改造资金、政策性房地产开发资金、金融机构存放同业资金账户需要支取现金的，应在开户时报中国人民银行当地分支行批准。中国人民银行当地分支行根据国家现金管理的规定审查批准。

3. 粮、棉、油收购资金、社会保障基金、住房基金和党、团、工会经费等专用存款账户需支取现金应按照国家现金管理的规定办理。

4. 收入汇缴账户除向其基本存款账户或预算外资金财政专用存款划缴款项外，只收不付，不得支取现金。业务支出账户除从其基本存款账户拨入款项外，只付不收，其现金支取必须按照国家现金管理的规定办理。

临时存款账户：

1. 临时存款账户支取现金，应按照国家现金管理的规定办理。临时存款账户超过有效使用期限后不得办理资金收付。

2. 注册验资的临时存款账户在验资期间只收不付，注册验资资金的汇缴人应与出资人的名称一致。

四、单位结算存款账户变更与撤销

（一）单位存款账户的变更

存款人申请变更核准类银行结算法账户的存款人名称、法定代表人或单位负责人，银行应及时办理变更手续，并于2个工作日内将存款人的“变更银行结算账户申请书”、开户许可证及有关证明文件报送中国人民银行当地分支行。符合变更条件的，人行颁发新的开户许可证。

（二）单位银行结算账户的撤销

1. 存款人尚未清偿其开户银行债务的，不得申请撤销该账户。

2. 存款人撤销银行结算账户，必须与开户银行核对银行结算账户存款余额，交回各种重要空白票据及结算凭证和开户许可证，银行核对无误后方可办理销户手续。对收回的重要空白凭证当面剪角作废或加盖作废戳记，作废凭证交银行做销户记账凭证附件。对因存款人原因导致无法收回的重要空白凭证，应由存款人做出“自负后果”的承诺。

3. 存款人撤销银行结算账户申请应经银行会计主管审批。

4. 存款人由于被撤并、解散、宣告破产或关闭以及被注销、被吊销营业执照的原因撤销银行结算账户的，应当先撤销一般存款账户、专用存款账户、临时存款账户，将账户资金转入基本存款账户后，方可办理基本存款账户的撤销。

5. 对营业执照未通过工商行政管理机关年检，但尚需保留账户用于清理相关债权债务的，应撤销基本存款账户，凭主管单位或有权管理部门的批文或证明，申请开立临时存款账户。

6. 存款人申请撤销核准类银行结算账户后，开户银行应于 2 工作日内将开户许可证及“销户申请书”送达人民银行当地分支行。符合销户条件的，由人行在“销户申请书”的空白处签署审核意见，将“销户申请书”的银行联退开户行留存，并通过账户管理系统撤销该账户；开户银行接到人行返回的“销户申请书”后将该账户予以销户，同时将“销户申请书”的存款人联通过开户银行退回存款人。

7. 未获得工商行政管理部门核准登记的单位，在验资期满后，应向银行申请撤销注册验资临时存款账户，其账户资金应退还给原汇款人账户。注册验资资金以现金方式存入，出资人需提取现金的，应出具缴存现金时的现金缴款单原件及其有效身份证件。

8. 存款人因注册验资或增资验资开立临时存款账户后，需要在该账户有效期届满前退还资金的，应出具工商行政管理部门的证明；无法出具证明的，应于账户有效期届满后办理销户退款手续。

9. 存款人因迁址需要变更开户银行和其他原因撤销银行结算账户后，如果需要重新开立基本存款账户，应在撤销其原基本存款账户后 10 日内重新开立基本存款账户。同时按要求出具开户的证明文件和“已开立银行结算账户清单”。

10. 银行对一年未发生收付活动且未欠开户银行债务的单位银行结算账户（包括结算存折户），应通知单位自发出通知之日起 20 日内办理销户手续，逾期视同自愿销户，将款项列入久悬未取专户管理。超过五年（含五年）仍未支取的，经审查批准后，办理转账，入其他营业外收入账——存款不动户清理收入专户；今后存款人要求支取原账户款项时，应提供合法拥有账户支配权的证明文件，银行认真审核印鉴等要素，核对明细表和有关凭证，无误后办理销户，支付存款本息。

11. 存款人由于被撤并、解散、宣告破产或关闭以及被注销、吊销营业执照的，应于5个工作日内向开户银行提出销户申请。存款人未主动办理销户手续的，银行有权停止其结算账户的对外支付。

12. 一年以上未发生收付活动且欠有银行贷款的单位结算账户，银行可作为久悬银行账户。存款人有久悬银行账户的，银行不得为其办理其他银行结算账户的开立和变更。

存款人申请临时存款账户展期、变更、撤销单位银行结算账户以及补（换）发开户许可证时，由法定代表人或单位负责人直接办理的，应出具法定代表人或单位负责人的身份证件；授权他人办理的，还应出具其法定代表人或单位负责人的授权书及其身份证件，以及被授权人的身份证件。

五、单位银行结算存款账户的印章管理

1. 预留印鉴应为该单位的公章或财务专用章加其法定代表人或其授权的代理人的签名或盖章以及财务人员的印章。严禁原子印章作为预留印鉴。

2. 存款人遗失预留公章或财务专用章，应向开户银行出具书面申请，开户许可证、营业执照等相关证明文件；更换预留公章或财务专用章，应向开户银行出具书面申请，原预留印鉴的式样等相关证明文件；银行应留存相应的复印件，并凭以办理预留银行签章的变更。新旧印鉴卡片注明启用、停用日期。

3. 单位变更预留银行印鉴，由法定代表人或单位负责人直接办理的，应出具法定代表人或单位负责人的身份证件；授权他人办理的，还应出具法定代表人或单位负责人的授权书及其身份证件，以及被授权人的身份证件。授权书中应对被授权人的姓名及其身份证件、权限等内容作明确说明，并在授权书上加盖单位公章及法定代表人或单位负责人签章。

六、违反银行结算账户管理规定的处罚

根据《银行账户管理办法》的规定，开户单位违反了账户使用规定，将受到以下处罚：

1. 若单位出租和转让账户：责令其纠正、按规定对该行为发生的金额处以5%，但不低于1 000元的罚款或没收出租账户的非法所得。

2. 若单位违反了开立基本账户的规定：可责令其限期撤销该账户同时处以5 000～10 000元的罚款。

第二节　银行存款的核算

一、银行存款核算的原始凭证

为了保证每笔存款收付业务的合理、合法，保证会计核算的正确性，单位每笔存款的收付业务都必须以有效的原始凭证作为书面证明。

（一）银行存款收入凭证

1. 将现金存入银行要以“现金缴款单”回单联作为银行存款收入证明。

2. 银行存款转账收入要以银行盖章后送交的“进账单”回单联以及销货发票记账联或收款通知联或银行转来的其他收款通知作为银行存款收入凭证。

（二）银行存款付出凭证

1. 银行提取现金，要以“现金支票”存根作为减少银行存款的证明。

2. 银行存款的转账支出要以转账支票存根和银行盖章后送交的“进账单”受理单或购货发票或其他付款通知作为银行存款付出的凭证。

二、银行存款日记账的设置和启用

为了及时、详细地反映银行存款的收入、付出和结余情况，单位应按开户银行和其他金融机构、存款种类等，分别设置“银行存款日记账”，即有几个银行存款账户，就设置几个“银行存款日记账”，以便于与银行核对账目。银行存款日记账是各单位重要的经济档案之一，在启用账簿时，应严格按照有关规定和要求填写账簿“启用表”，具体办法可参照“现金日记账”的启用办法。

三、银行存款日记账的格式和登记方法

（一）银行存款日记账的格式

银行存款日记账必须采用订本式账簿，其格式一般设有“借方”、“贷方”、“余额”三栏式基本结构的账页。银行存款日记账的一般格式见表4-3。

（二）银行存款日记账登记方法

1. 银行存款日记账由出纳人员根据审核无误后的银行收款凭证、现金付款凭证和银行存款付款凭证以及所附的原始凭证，按照经济业务发生的时间顺序逐日逐笔登记。登记时，分别填写“年、月、日”、“会计凭证号”、“摘要”各栏。“借方”栏根据银行存款收款凭证和现金付款凭证合计的金额填写；“贷方”栏根据银行存款付款凭证金额填写；“余额”栏根据借方和贷方金额计算填列，其结果表示银行存款的结存数。

表 4-3 银行存款日记账

年		凭证号码		摘要	对方科目	借方									贷方									余额								
月	日	种类	编号			百	十	万	千	百	十	元	角	分	百	十	万	千	百	十	元	角	分	百	十	万	千	百	十	元	角	分

注意：对于现金存入银行的业务，一般只编制现金付款凭证，不再编制银行收款凭证。因此，这种业务的“收入”栏应根据有关现金付款凭证登记。

银行日记账的登记方法和要求与“库存现金日记账”基本相同。

2. 每日终了，应分别计算银行存款借方、贷方合计数，并结出当日银行存款结余数，以便检查监督各项收支款项，同时便于定期与银行对账单逐笔核对。

3. 每月终了，所有银行存款日记账的余额合计应与“银行存款”总账的余额核对相符。

第三节　银行存款日记账登记实例

某企业 2007 年 5 月 6 日银行存款日记账月初余额为 584 200 元，5 月 7 日银行收付业务如下：

序号	经济业务	凭证编号	会计分录
1	开出转账支票一张偿还双阳工厂欠款 19 000 元	银付 1	借：应付账款 ——双阳工厂　19 000 贷：银行存款　19 000
2	采购员购买办公用品 1 305 元，用支票支付，办公用品直接交付办公室使用。	银付 2	借：管理费用　1 305 贷：银行存款　1 305
3	汇款采购原材料款 60 000 元和增值税 10 200 元，共计 70 200 元，已由银行划转。	银付 3	借：材料采购　60 000 应交税费——应交增值税 （进项税额）　10 200 贷：银行存款　70 200
4	收到银行通知，上月采用委托收款方式向外地明光工厂收取销货款 56 000 元，已收妥入账。	银收 1	借：银行存款　56 000 贷：应收账款——明光工厂　56 000
5	预收宏伟厂销货款 26 000 元，收到转账支票一张，送存银行。	银收 2	借：银行存款　26 000 贷：预收账款——宏伟厂　26 000
6	开出现金支票一张，提取现金 3 000元，以备用。	银付 4	借：库存现金　3 000 贷：银行存款　3 000
7	开出转账支票一张，支付职工培训费 6 000 元。	银付 5	借：应付职工薪酬 ——职工教育经费　6 000 贷：银行存款　6 000
8	销售东南公司产品一批，货款 35 000元，增值税 5 950 元，收到转账支票。	银收 3	借：银行存款　40 950 贷：应交税费——应交增值税 （销项税额）　5 950 贷：主营业务收入　35 000

续表

序号	经济业务	凭证编号	会计分录
9	将零星销货款送存银行1 200元。	现付 1	借:银行存款 1 200 贷:库存现金 1 200
10	开出转账支票一张,向首钢预付采购材料款 14 000 元。	银付 6	借:预付账款——首钢 14 000 贷:银行存款 14 000

银行存款日记账登记如下表 4-4。

思考题

1. 企业的银行存款有哪些账户? 分别叙述各种银行存款账户的用途。
2. 单位结算存款账户如何开立?
3. 试述银行结算账户的相关规定。

练习题

练习银行日记账的登记

某企业 2007 年 11 月 30 日银行存款余额为 140 000 元,12 月发生如下经济业务:

1. 2 日,提取现金 2 000 元,备用。
2. 2 日,银行传来信汇凭证收账通知,上月东海厂所欠货款 158 500 元于今日收到。
3. 5 日,向市机械厂出售商品 200 台,单价 430 元(不含税价,下同),按规定收取增值税额14 620 元,合计 100 620 元,已收到银行本票一张,已交银行进账。
4. 7 日,日前将到期的一张银行承兑汇票送交银行,今日收到进账单收账通知,收存票款 10 200元。
5. 8 日,向银行申请办理银行汇票一张,金额 120 000 元。
6. 9 日,接银行托收承付通知单,支付材料款 11 146 元。
7. 10 日,信汇支付 A 公司材料采购款 115 000 元、
8. 12 日,开出转账支票一张,金额 86 000 元,向某研究所购买专利技术。
9. 13 日,向银行申请银行承兑汇票一张,金额 35 100 元,购买工具。
10. 15 日,开出现金支票一张,提取现金 35 000 元,备发工资。
11. 18 日,收到银行汇票一张,金额 210 000 元,实际结算金额 201 708,系销售收入。
12. 20 日,现金交银行 3 000 元。

请根据上述业务登记银行日记账。

表 4-4　银行存款日记账

2007 年		凭证号码		摘要	对方科目	借方									贷方									余额								
月	日	种类	编号			百	十	万	千	百	十	元	角	分	百	十	万	千	百	十	元	角	分	百	十	万	千	百	十	元	角	分
5	6																								5	8	4	2	0	0	0	0
	7	银付	1	略	应付账款												1	9	0	0	0	0	0		5	6	5	2	0	0	0	0
		银付	2		管理费用													1	3	0	5	0	0		5	6	3	8	9	5	0	0
		银付	3		材料采购												7	0	2	0	0	0	0		4	9	3	6	9	5	0	0
		银收	1		应收账款			5	6	0	0	0	0	0											5	4	9	6	9	5	0	0
		银收	2		预收账款			2	6	0	0	0	0	0											5	7	5	6	9	5	0	0
		银付	4		库存现金													3	0	0	0	0	0		5	7	2	6	9	5	0	0
		银付	5		应付职工薪酬													6	0	0	0	0	0		5	6	6	6	9	5	0	0
		银收	3		主营业务收入			4	0	9	5	0	0	0											6	0	7	6	4	5	0	0
		现付	1		库存现金				1	2	0	0	0	0											6	0	8	8	4	5	0	0
		银付	6		预付账款												1	4	0	0	0	0	0		5	9	4	8	4	5	0	0
				小计			1	2	4	1	5	0	0	0		1	1	3	5	0	5	0	0		5	9	4	8	4	5	0	0

第五章

银行支付结算业务

第一节　银行支付结算概述

支付结算是指单位、个人在社会经济活动中使用票据（包括支票、本票、汇票）、信用卡、汇兑、托收承付、委托收款等结算方式进行货币给付及其资金清算的行为。

一、支付结算原则

1. 恪守信用、履约付款。
2. 谁的钱进谁的账，由谁支配。
3. 银行不垫款。

二、票据和结算凭证

1. 单位、个人和银行办理支付结算，必须使用按中国人民银行统一规定印制的票据凭证和统一规定的结算凭证。未使用按中国人民银行统一规定印制的票据，票据无效；未使用中国人民银行统一规定格式的结算凭证，银行不予受理。

2. 单位、个人和银行签发票据，单位和银行的名称应当记载全称或者规范化简称，结算凭证上记载汇款人、付款人和收款人账号的，账号与户名必须一致。

3. 票据和结算凭证的金额、出票或签发日期、收款人名称不得更改，更改的票据无效；更改的结算凭证，银行不予受理。对票据和结算凭证上的其他记载事项，原记载人可以更改，更改时应当由原记载人在更改处签章证明。

4. 票据和结算凭证金额以中文大写和阿拉伯数字同时记载，两者必须一致，两者不一致的票据无效，银行不予受理。少数民族地区和外国驻华使领馆根据实际需要。金额大写可以使用少数民族文字或者外国文字记载。

5. 票据的出票日期必须使用中文大写。在填写月、日时，月为壹、贰和壹拾的，日为壹至玖和壹拾、贰拾和叁拾的，应在其前加“零”，日为拾壹至拾玖的，应在其前加“壹”。

票据出票日期使用小写填写的，银行不予受理。大写日期未按要求规范填写的银行可予受理。但由此造成损失的，由出票人自行承担。

三、票据上的签章

1. 银行汇票的出票人在票据上的签章，应为经中国人民银行批准使用的该银行汇票专用章加其法定代表人或其授权经办人的签名或者盖章。银行承兑商业汇票、办理商业汇票转现、再贴现时的签章，应为经中国人民银行批准使用的该银行汇票专用章加其法定代表人或授权经办人的签名或者盖章。银行本票的出票人在票据上的签章，应为经中国人民银行批准用的该银行本票专用章加其法定代表人或其授权经办人的签名或者盖章。

2. 单位在票据上的签章，应为该单位的财务专用章或者公章加其法定代表人或其授权的代理人签名或者盖章。个人在票据上的签章，应为该个人的签名或者盖章。支票的出票人和商业承兑汇票的承兑人在票据上的签章。应为其预留银行的签章。预留银行签章不得使用原子印章。

四、票据的背书

1. 票据可以背书转让，但填明“现金”字样的银行汇票、银行本票和用于支取现金的支票不得背书转让。

2. 区域性银行汇票仅限于在本区域内背书转让。银行本票、支票仅限于在其票据交换区域内背书转让。

3. 票据背书转让时，由背书人在票据背面签章、记载被背书人名称和背书日期。背书未记载日期的，视为在票据到期日前背书。持票人委托银行收款或以票据质押的除按上款规定记载背书外，还应在背书人栏记载“委托收款”或“质押”字样。

4. 背书转让的票据，背书应当连续。背书连续，是指票据第一次背书转让的背书人是票据上记载的收款人。前次背书转让的被背书人是后一次背书转让的背书人，依次前后衔接，最后一次背书转让的被背书人是票据的最后持票人。票据的背书人应当在票据背面的背书栏依次背书。背书栏不敷背书的，可以使用统一格式的粘单，粘附于票据凭证上规定的粘接处。粘单上的第一记载人，应当在票据和粘单的粘接处签章。

5. 票据出票人在票据正面记载“不得转让”字样的，票据不得转让；其直接后手再背书转让的，对被背书人提示付款或委托收款的票据，银行不予受理。票据被拒绝承兑、拒绝付款或者超过付款提示期限的，不得背书转让。背书不得附有条件。背书附有条件的，所附条件不具有票据上的效力。

五、票据的挂失

1. 已承兑的商业汇票、支票、填明“现金”字样和代理付款人的银行汇票以及填明“现金”字样的银行本票丧失，可以由失票人通知付款人或者代理付款人挂失止付。未填明“现金”字样和代理付款人的银行汇票以及未填明“现金”字样的银行本票丧失，不得挂失。

2. 允许挂失止付的票据丧失，失票人需要挂失止付的，应填写《挂失止付通知书》并签章。一式三联挂失止付通知书见表 5-1，《挂失止付通知书》应当记载下列事项：

(1)票据丧失的时间、地点、原因。

(2)票据的种类、号码、金额、出票日期、付款日期、付款人名称、收款人名称。

(3)挂失止付人的姓名、营业场所或者住所以及联系方法。

表 5-1　票据挂失止付通告书

<table>
<tr><td colspan="4">挂失止付通告书　1</td><td rowspan="10">此联作受理回单</td></tr>
<tr><td colspan="4">填写日期　　年　月　日</td></tr>
<tr><td>挂失止付人：</td><td rowspan="7">丧失票据记载的主要内容</td><td>票据种类</td><td></td></tr>
<tr><td>票据丧失时间：</td><td>号码</td><td></td></tr>
<tr><td>票据丧失地点：</td><td>金额</td><td></td></tr>
<tr><td>挂失止付人联系地址(电话)：</td><td>付款人</td><td></td></tr>
<tr><td rowspan="3">票据丧失事由：</td><td>收款人</td><td></td></tr>
<tr><td>出票日期</td><td></td></tr>
<tr><td>付款日期</td><td></td></tr>
<tr><td>失票人签章
年　月　日</td><td colspan="3">挂失处理结果：
单位签章经办人签字
年　月　日</td></tr>
</table>

10＊17.5 公分(白纸黑油墨)

3. 付款人或者代理付款人收到挂失止付通知书后，查明挂失票据确未付款的，应立即暂停支付。付款人或者代理付款人自收到挂失止付通知书之日起 12 日内没有收到人民法院止付通知书的，自第 13 日起，持票人提示付款并依法向持票人付款的，不再承担责任。

六、票据期限

票据期限最后一日是法定休假日的，以法定休假日后的第一个工作日。按月计算期限的，按到期月的对日计算；无对日的，月末日为到期日。

七、银行结算纪律

中国人民银行颁布的《银行结算办法》，其中对银行结算纪律和承担责任作出规定。

1．结算纪律

（1）对于收付款单位，在办理转账过程中，不准出租、出借银行账号，不准签发空头支票和远期支票，不准套取银行信用。

（2）对于银行在办理转账业务时，必须严格执行银行结算办法的规定，及时处理结算凭证，需要向外寄发的结算凭证，必须于当天及时发送，最迟不得超过次日；汇入银行收到结算凭证必须及时将款项支付给确定的收款人；不准延误、积压结算凭证；不准挪用、截留客户和他行的结算资金；未收妥款项，不准签发银行汇票、本票；不准向外签发未办汇款的汇款回单；不准拒绝受理客户和他行的正常业务。

（3）对于邮电部门，应及时传递银行结算凭证，不准延误、积压银行结算凭证。

2．违反银行结算纪律应承担相应的责任

（1）收、付款单位和个人，违反银行结算规定和纪律，银行按有关规定予以经济处罚。付款单位签发空头支票，银行按规定处以5%但不低于1 000元的罚款。情节严重的，应停止使用有关结算办法，因此造成的后果由其自行负责。

收付款单位和个人办理结算，由于填写结算凭证有误影响资金使用，票据和印章丢失造成资金损失的，由其自行负责。

允许背书转让的票据，因不获付款而遭退票时，持票人可以对出票人、背书人和其他债务人行使追索权，票据的各债务人对持票人负连带责任。

（2）银行办理结算因工作差错，发生延误，影响客户和他行资金使用的，应按存（贷）款利率计付赔偿金；因违反结算制度规定，发生延压、挪用、截留结算资金、影响客户和他行资金使用的，应按结算金额每天万分之三计付赔偿金；因错付或被冒领的，应及时查处，如造成客户资金损失的，要负责赔偿。

（3）邮电部门在传递银行结算凭证和拍发电报过程中，因工作差错而发生积压、丢失、错投、错拍、漏拍、重拍等，造成结算延误，影响单位、个人和银行资金使用或造成资金损失的，由邮电部门承担责任。

第二节　支票结算业务

一、概念及种类

支票是出票人签发的、委托办理支票存款业务的银行在见票时无条件支付确定的金额给收款人或持票人的票据。2007年6月25日起，通过支票影像信息交换系统，全国所有地区的支票可以互通使用。

支票上印有“现金”字样的为现金支票，现金支票只能用于支取现金。支票上印有“转账”字样的为转账支票，转账支票只能用于转账。支票上未印有“现金”或“转账”字样为普通支票，普通支票可以用于支取现金，也可以用于转账。在普通支票左上角划两条平行线的，为划线支票，划线支票只能用于转账，不得支取现金。

式样：见表 5-2、表 5-3、表 5-4。

表 5-2　现金支票

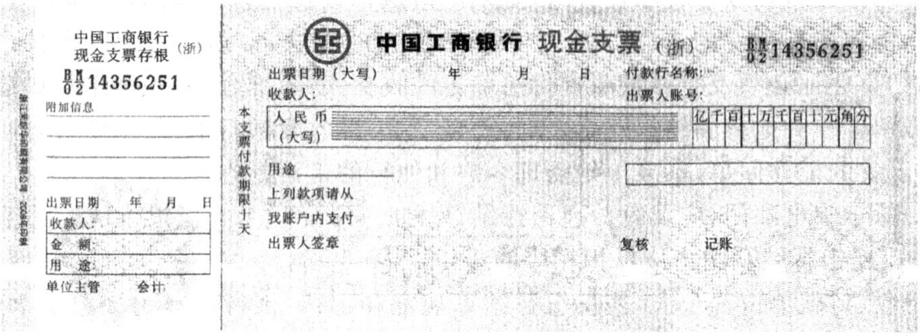

表 5-3　转账支票

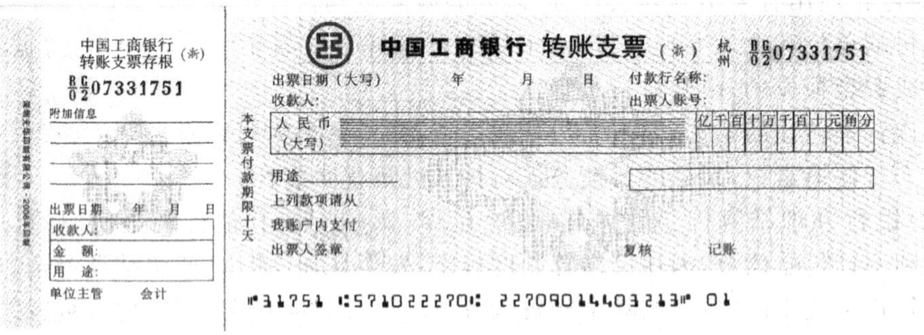

表 5-4　普通支票

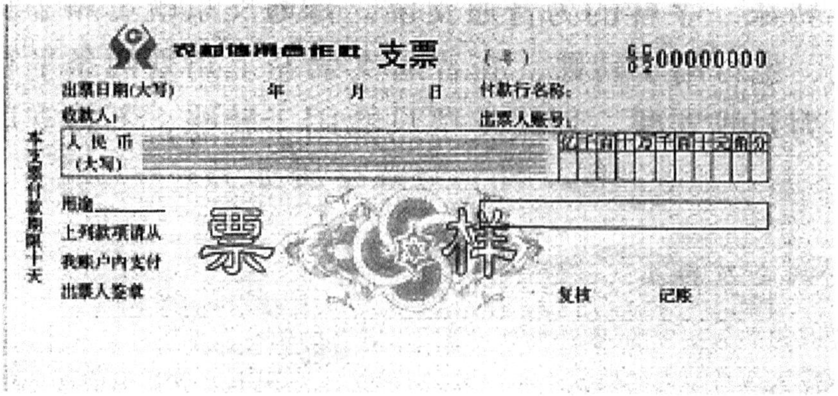

二、主要规定

1. 支票适用于单位和个人在同一票据交换区域的各种款项结算。

2. 签发支票应使用碳素墨水或墨汁填写，中国人民银行另有规定的除外。

3. 签发现金支票和用于支取现金的普通支票，必须符合国家现金管理的规定。

4. 出票人签发空头支票、签章与预留银行签章不符的支票，使用支付密码地区，支付密码错误的支票，银行应予以退票，并按规定填制报告书上报人民银行按票面金额处以百分之五但不低于1 000元的罚款。对屡次签发的，银行应停止其签发支票。

5. 支票的提示付款期限自出票日起10日。超过提示付款期限提示付款的，持票人开户银行不予受理，付款人不予付款。

三、支票结算方式的结算程序

支票结算方式的结算程序可分为两种，一种是由付款单位签发支票，持票到收款单位办理款项结算后，将支票交给收款单位，收款单位填制进账单连同支票一起交给开户银行办理转账。另一种是由付款单位签发支票，送交开户银行，委托开户银行将款项支付给收款单位，即付款单位代替收款单位填制进账单，连同支票一起送交给开户银行，银行审核后，将进账单第一联通知收款单位，表示款已收妥。其结算程序示意见图5-1。

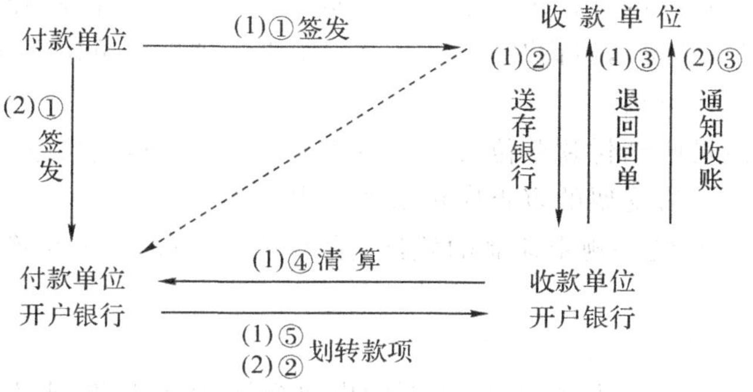

图5-1 使用支票结算方式应注意的事项

(一)使用支票的要点

1. 存款人向开户银行领取支票时，必须填写“支票领用单”，并加盖预留银行印鉴，经银行核对印鉴相符后，按规定收取工本费和手续费，发给空白支票，并在支票登记簿上注明领用日期、存款人名称、支票起止号码，以备查对。

银行出售支票，每个账户只准一次一本，业务量大的可以适当放宽。出售时应在每张支票上加盖本行行名和存款人账号。

单位撤销、合并结清账户时，应将剩余的空白支票填列一式两联清单，全部交回银行注销。清单一联由银行盖章后退交收款人，一联作清户传票附件。

2. 要严格控制携带空白支票外出采购。对事先不能确定采购物资的单价、金额的，经单位领导批准，可将填明收款人名称和签发日期、明确款项用途和款项限额的支票交采购人员，使用支票人员回单位后必须及时向财务部门结算，款项限额的办法是在支票正面用文字注明所限金额，并在小写金额栏内用"￥"填定数位。

3. 支票应由财会人员或使用人员签发，不得将支票交给收款人代为签发。支票存根要同其他会计凭证一样妥善保管。

4. 对持支票前来购货的购货人必须核对身份，查验有关证件。为了防止发生诈骗、冒领或收受空头支票，收款人或被背书人接受支票时，可检查持票人的身份证，摘录身份证号码并问明联系电话等。按常规应将受理的支票及时送存银行，待银行将款项收妥并存入本单位账户后再行发货。

5. 其他事项。

(1)支票正面不能有涂改痕迹，否则本支票作废。

(2)受票人如果发现支票填写不全，可以补记，但不能涂改。

(3)支票的有效期为10天，日期首尾算一天，节假日顺延。

(4)支票见票即付，不记名。

(5)出票单位现金支票背面有印章盖模糊了，可把模糊印章打叉，重新再盖一次。

(6)收款单位转账支票背面印章盖模糊了(此时票据法规定是不能以重新盖章方法来补救的)，收款单位可带转账支票及银行进账单到出票单位的开户银行去办理收款手续(不用支付手续费)，俗称"倒打"，这样就用不着到出票单位重新开支票了。

(二)收到支票的审核

收款单位出纳员收到付款单位交来的支票后，首先应对支票进行审查，以免收进假支票或无效支票。对支票的审查应包括如下内容：

1. 支票是否使用统一规定印制的凭证，是否真实，是否为本交换区域内可使用的支票。

2. 支票提示付款期限是否超过。

3. 支票必须记载事项是否齐全，支票的出票金额、出票日期、收款人名称是否有更改，其他记载事项的更改是否由原记载人签章证明，客户提交的支票上的收款人(背书转让后的为最后的被背书人名称)、金额和进账单中的收款人户名、大小写金额是否一致。

4. 背书转让的支票是否按规定范围转让，背书是否连续，签章是否符合规定，背书使用粘单的是否按规定在粘单处签章。

5. 持票人提交的支票，持票人是否在支票的背面作委托收款背书。

6. 出票人在支票上的签章与预留签章是否相符，使用支付密码的其密码是否正确。

7. 支票填写是否清晰，是否用墨汁或碳素墨水填写。

收款单位出纳员对受理的转账支票审查无误后，即可填制一式两联进账单，式样见下表5-5。

表 5-5　中国农业银行进账单(回　　单)　　1

<table>
<tr><td rowspan="3">出票人</td><td>全　称</td><td colspan="2"></td><td rowspan="3">收款人</td><td>全　称</td><td></td></tr>
<tr><td>账　号</td><td colspan="2"></td><td>账　号</td><td></td></tr>
<tr><td>开户银行</td><td colspan="2"></td><td>开户银行</td><td></td></tr>
<tr><td>金额</td><td colspan="5">人民币
(大写)</td><td>亿 千 百 十 万 千 百 十 元 角 分</td></tr>
<tr><td colspan="2">票据种类</td><td></td><td>票据张数</td><td colspan="3" rowspan="3">

开户银行签章</td></tr>
<tr><td colspan="2">票据号码</td><td colspan="2"></td></tr>
<tr><td colspan="4">
复核：　　记账：</td></tr>
</table>

此联是开户银行交给持票人的回单

连同支票一并送交其开户银行。开户银行审核无误后即可在进账单第一联上加盖“转讫”章退回收款单位。收款单位根据银行盖章退回的进账单第一联编制银行存款收款凭证

(三)支票挂失

已经签发的普通支票和现金支票，如遗失、被盗应立即向银行申请挂失。

出票人将已经签发内容齐备的可以直接支取现金的支票遗失或被盗等，应当出具公函或有关证明，填写两联挂失申请书(可以用进账单代替)，加盖预留银行的签名式样和印鉴，向开户银行申请挂失止付。银行查明该支票确未支付，经收取一定的挂失手续费后受理挂失，在挂失人账户中用红笔注明支票号码及挂失的日期。

收款人将收受的可以直接支取现金的支票遗失或被盗等，也应当出具公函或有关证明，填写两联挂失止付申请书，经付款人签章证明后，到收款人开户银行申请挂失止付。

同时，依据《票据法》第15条第3款规定：“失票人应当在通知挂失止付后3月内，也可以在票据丧失后，依法向人民法院申请公示催告，或者向人民法院提起诉讼。”即可以背书转让的票据的持票人在票据被盗、遗失或灭失时，须以书面形式向票据支付地(即付款地)的基层人民法院提出公示催告申请。在失票人向人民法院提交的申请书上，应写明票据类别、票面金额、出票人、付款人、背书人等票据主要内容，并说明票据丧失的情形，同时提出有关证据，以证明自己确属丧失的票据的持票人，有权提出申请。

失票人在向付款人挂失止付之前，或失票人在申请公示催告以前，票据已经由付款人善意付款的，失票人不得再提出公示催告的申请，付款银行也不再承担付款的责任。由此给支票权利人造成的损失，应当由失票人自行负责。

已经签发的转账支票遗失或被盗等，由于这种支票可以直接持票购买商品，银行不受理挂失，所以，失票人不能向银行申请挂失止付。但可以请求收款人及其开户银行协助防范。如果丧失的支票超过有效期或者挂失之前已经由付款银行支付票款的，由此所造成的一切损失，均应由失票人自行负责。

四、支票结算业务的核算

企业签发现金支票后，留下存根联作为取款或付款的入账依据，凭支票联向开户银行提取现金，或者通过银行支付款项。提取现金时，借记“库存现金”账户，贷记“银行存款”账户，支付款项时，借记“管理费用”等相关账户，贷记“银行存款”账户。

企业签发转账支票后，留下存根联作为付款的入账凭证，然后将支票联送交收款人，收款人据以填制进账单，一式两联，然后连同支票联交其开户银行，取回银行加盖收款章的进账单收账通知联，作为收款人的入账凭证。收款人开户银行留存另一联进账单，将支票联转交出票人开户银行划转款项。

企业购进商品以转账支票支付货款时，根据购进商品凭证和支票存根联，借记“材料采购”等相关账户，贷记“银行存款”账户。

企业销售商品收到转账支票并解存银行时，根据进账单收账通知联和销售凭证，借记“银行存款”账户，贷记“主营业务收入”等相关账户

第三节　汇兑结算业务

一、概念及种类

(一)汇兑结算概念

汇兑结算简称汇兑。汇兑是汇款人委托银行将其款项支付给收款人的结算方式。根据凭证传递方式，可分为信汇和电汇两种。信汇是以邮寄方式将汇款凭证转给外地收款人指定的汇入行；而电汇则是以电报方式将汇款凭证转发给收款人指定的汇入行。一般来讲，电汇的速度要比信汇的速度快，收费稍贵一点。汇款人可根据需要选择使用。汇兑结算方式适用于异地单位、个体经济户和个人的各种款项的结算。

(二)汇兑结算凭证的样式和填写要求

汇兑结算凭证的样式如表 5-6 所示。

表 5-6 ××银行电汇凭证(回单) 1

委托日期 年 月 日 第 号

<table>
<tr><td rowspan="3">汇款人</td><td>全 称</td><td colspan="3"></td><td rowspan="3">收款人</td><td>全 称</td><td colspan="3"></td></tr>
<tr><td>账 号
或住址</td><td colspan="3"></td><td>账 号
或住址</td><td colspan="3">或住址</td></tr>
<tr><td>汇 出
地 点</td><td>省 市
县</td><td>汇出行
名 称</td><td></td><td>汇 出
地 点</td><td>省 市
县</td><td>汇出行
名 称</td><td></td></tr>
<tr><td>金额</td><td colspan="7">人民币
(大写)</td><td colspan="2">亿 千 百 十 万 千 百 十 元 角 分</td></tr>
<tr><td colspan="8">汇款用途:</td><td colspan="2" rowspan="2">汇出行盖章

年 月 日</td></tr>
<tr><td colspan="8">单位主管 会计 复核 记账</td></tr>
</table>

此联汇出行给汇款人的回单

出纳在办理汇兑手续时,应填写信汇或电汇申请书,下列项目必须完整填写:

1. 无条件支付的委托。

2. 确定的金额。

3. 收款人名称。

4. 汇款人名称

5. 汇入地点、汇入行名称。

6. 汇出地点、汇出行名称。

7. 委托日期。

8. 汇款人签章。

凡汇兑凭证上欠缺上述汇款事项之一的,银行不受理。同时,如果收款人为个人的,收款人需要到汇入银行领取汇款,汇款人就应在汇兑凭证上注明"留行待取"字样;留行待取的汇款,需要指定单位的收款人领取汇款的,应注明收款人单位名称,信汇凭收款人签章支取的,应在信汇凭证上预留其签章。

汇款人和收款人均为个人的,必须在汇入银行支取现金的,应在信、电汇凭证上的"汇款金额"大写栏先填写"现金"字样,后填写汇款金额。

二、主要规定

(一)汇兑结算不受金额起点的限制

即不论汇款金额多少均可以办理信汇和电汇结算。

(二)支取转账的规定

收款人要在汇入银行支取转账,付款人在填制信汇或电汇凭证时,须在凭证"汇款金额"大写金额栏中填写"转账"字样。款项汇入异地后,收款人需携带本人的身份证件或汇入地有关单位足以证实收款人身份的证明，到银行一次办理转账支付手续。信汇或电汇凭证上未注明“转账”字样而需要支取转账的，由汇入银行按转账管理规定审查支付；需部分支取转账的，收款人应填写取款凭证和存款凭证送交汇入银行，办理支取部分转账和转账手续。

（三）留行待取的规定

汇款人将款项汇往异地需派人领取的，在办理汇款时，应在签发的汇兑凭证各联的“收款人账号或地址”栏注明“留行待取”字样。留行待取的汇款，需要指定单位的收款人领取汇款的，应注明收款人的单位名称。信汇凭印鉴支取的，应在第四联凭证上加盖预留的收款入印鉴。款项汇入异地后，收款人须携带足以证明本人身份的证件，或汇入地有关单位足以证实收款人身份的证明向银行支取款项。如信汇凭印鉴支取的，收款人必须持与预留印鉴相符的印章，经银行验对无误后，方可办理支款手续。

（四）分次支取的规定

收款人接到汇入银行的取款通知后，若收款人需要分次支取的，要向汇入银行说明分次支取的原因和情况，经汇入银行同意，以收款人名义设立临时存款账户，该账户只付不收，结清为止，不计利息。

（五）转汇的规定

收款人如需将汇款转到另一地点，应在汇入银行重新办理汇款手续。转汇时，收款人和用途不得改变，汇入银行必须在信汇或电汇凭证上加盖“转汇”戳记。

（六）退汇的规定

汇款人对汇出的款项要求退汇时，应出具正式函件，说明要求退汇的理由或本人身份证明和原信、电汇凭证回单，向汇出银行办理退汇。汇出银行审查后，通知汇入银行，经汇入银行查实款项确未解付，方可办理退汇。如汇入银行已经解付或款项已直接汇入收款人账户，则不能办理退汇。此外，汇入银行对于收款人拒绝接受的汇款，应立即办理退汇。汇入银行对从发出取款通知之日起，两个月内仍无法交付的款项，可主动办理退汇。

（七）其他注意事项

1. 汇款人办理异地汇款时，可根据款项汇入地点的远近和时间的要求，选择信汇或电汇结算方式。填写汇款凭证时，要按照凭证各栏要求，详细填明汇入地点、行名、收款人及汇款用途等项内容并在第二联上加盖预留银行印鉴。

2. 根据结算规定，信汇汇款可附带与汇款有关的少量单证，如向外地订购书刊的订购单、商品订购单以及向外地人员汇付工资时的工资发放表等。电汇款项不允许附带单证。

3. 收款人收到银行转来的收款通知或电划代收报单时，要认真地对凭证的内容进行审查，主要查看凭证收款人全称和账号是否与本单位的全称和账号一致，汇款用途是否与本单位有关，汇入银行是否加盖了转讫印章，在确认属于本单位款项但又用途不明的情况下，应及时与本单位有关部门联系，尽快查明款项用途，从而准确归属有关核算账户。

三、汇兑结算方式的结算程序

汇款单位办理汇款时，要填写汇款委托书，载明汇入地点、汇入银行、收款人和汇款用途等内容，送交开户银行委托汇款；汇款单位开户银行受理汇款业务后，即从汇款单位存款户将款项划出，然后通知收款单位开户银行，将汇款转入收款单位存款户或付给个人。企业派人到外地进行临时或零星采购，经有关部门批准，可将款项汇到该地银行，以汇款单位名义开设采购专户（外埠存款），由银行按当地市场管理的有关规定监督支付款项，其结算程序示意图见图 5-2。

图 5-2

四、汇兑结算业务的核算

汇款人委托银行办理汇兑时，应填制一式数联的信、电汇凭证，全部送交开户银行；开户银行审查无误同意汇款时，在回单联上加盖印章后，退回汇款人，作为其汇款的入账依据。开户银行留下一联，其余各联转交收款人开户银行。收款人开户银行留下一联，将收款通知联转交收款人，作为其收款的入账凭证或取款的依据。

汇款人汇出款项函购商品时，凭信、电汇凭证回单联借记“预付账款”账户，贷记“银行存款”账户；收到函购商品购进凭证时，借记“材料采购”等有关账户，贷记“预付账款”账户。如汇款是为了支付前欠货款时，借记“应付账款”账户，贷记“银行存款”账户。

收到客户汇入函购商品的信、电汇通知联时，借记“银行存款”，贷记“预收账款”，如为对方汇入的是前欠本单位货款的则借记“银行存款”账户，贷记“应收账款”账户。

汇款人派采购员到异地临时或零星采购时，应在信、电汇凭证上注明“留行待取”字样。若需要支取现金，信、电汇凭证上必须有汇出银行按规定填明的“现金”字样才能办理。未填明“现金”字样，需要支取现金的，由汇入银行按照现金管理规定审查支付。

汇款人在汇入采购资金开立临时账户时，根据汇款凭证回单联，借记“其他货币资金——外埠存款”账户，贷记“银行存款”账户；收到采购商品购进凭证时，借记“材料采购”等有关账户，贷记“其他货币资金——外埠存款”账户。

第四节　银行汇票结算业务

一、概念及适用范围

银行汇票是汇款人将款项交存当地银行，由银行签发给汇款人持往异地办理转账结算或支取转账的票据。

银行汇票的适用范围限于中国人民银行和各专业银行参加“全国联行往来”的银行机构办理。在不能签发银行汇票的银行开户的汇款人需要使用银行汇票，应将款项转交附近签发银行汇票的银行办理。单位、个体经济户和个人需要支付各种款项，均可使用银行汇票。

银行汇票的样式如下表 **5-7** 和表 **5-8** 所示。

表 5-7　××银行

银 行 汇 票（卡片）

汇票号码
第　　号

出票日期（大写）　年　月　日	代理付款行：　　行号：									
收款人：	账号：									
出票金额 人民币（大写）										
实际结算金额 人民币（大写）	千	百	十	万	千	百	十	元	角	分

申请人：________　账号或住址：________

出票人：________　行号：________

备注：________

凭票付款

出票行签章

多余金额										科目（借）： 对方科目（贷）： 转账日期 年　月　日 复核　记账　出纳
千	百	十	万	千	百	十	元	角	分	

表 5-8　银行汇票背面

被背书人	被背书人	被背书人	（贴粘单处）
背书人签章 年　月　日	背书人签章 年　月　日	背书人签章 年　月　日	
持票人向银行 提示付款签章：	身份证件名称： 号　　码： 发 证 机 关：		

二、主要规定

1. 银行汇票一律为记名式，即必须记载收款人的姓名。

2. 汇款金额起点为500元。

3. 付款期为一个月。应该从签发日起算。逾期的汇票，兑付银行不予受理，原汇款人只能向签发行请求退款。

4. 银行汇票必须记载以下事项，表明“银行汇票”的字样、无条件支付的承诺、出票金额（大写）、付款人名称、出票日期（大写）及出票人签章。欠缺记载上列事项之一的银行汇票无效。

5. 汇票可以背书转让（区域性银行汇票仅限于在本区域内背书转让），汇票反面有背书栏，有填写被背书人和背书人的地方。汇票反面有记载收款人的证件的地方。申请书备注栏内注明不得转让的，出票行应在汇票正面的备注栏内注明。

6. 汇款人填写“银行汇票委托书”，向签发行申请办理银行汇票，详细填明兑付地点、收款人名称、汇款用途（军工产品可免填）等。

7. 签发银行受理委托书，在收妥款项后，签发银行汇票，将汇票和解讫通知一并交给汇款人。

8. 汇款人持汇票到兑付地点，或支取转账，或者与填明的收款人办理结算。收款人也可以用背书方式将汇票交给被背书人，办理结算。

9. 被背书人在收受汇票时应审查：汇票未逾期，日期金额等填写无误，银行汇票和解讫通知齐全相符，汇款人或背书人证件无误，背书人证件上的姓名与其背书相符。审查完毕后将实际结算金额和多余金额填入汇票和解讫通知。

10. 收款人（包括被背书人）将汇票与解讫通知提交兑付行。收款人在银行开有账户的可在汇票背面加盖印章，并填写进账单，连同汇票、解讫通知交开户银行办理转账。未在银行开立账户的在交验证件后可支取转账。

11. 兑付行转账或付款后将解讫通知送交签发行，签发行将多余款收账通知单交给汇款人，汇款人可凭此领取多余款项。

12. 汇款人可以要求签发行办理退款。

13. 汇票遗失时，持票人应立即向兑付行或签发行挂失。挂失前被冒领，银行不负责任。如在付款期满后一个月未被冒领，银行可以退款。

14. 签发现金银行汇票的，申请人和收款人必须均为个人，并交存现金。申请人为个人的，应认真审查其身份证件，摘录其身份证件名称、发证机关、号码备查。

15. 签发现金银行汇票金额超过 30 万元或同一日对同一申请人签发两张以上现金银行汇票，须经开户银行上级行批准，并报人民银行当地分支机构备案。

银行在收到收款人提交的银行汇票时，经过审查发现有下列情况的，将予以拒付：

1. 伪造、变造(凭证、印单、压数机)的银行汇票；

2. 非总行统一印制的全国通汇的银行汇票；

3. 超过付款期的银行汇票；

4. 缺汇票联或解讫通知联的银行汇票；

5. 汇票背书不完整、不连续的；

6. 涂改、更改汇票签发日期、收款人、汇款大写金额；

7. 已经银行挂失、止付的转账银行汇票；

8. 汇票残损、污染严重无法辨认的。

对拒付的汇票银行将退还给持票人。对伪造、变造以及涂改的汇票，银行除了拒付以外，还应报告有关部门进行查处。

如果因不慎或其他原因发生丢失，应分别情况进行下列处理：

1. 收款单位(或持票人)丢失的银行汇票是已填写收款单位名称、但没有指定汇入行的转账汇票，由于这种汇票没有指定汇入银行，而且可以直接到收款单位去提货。因此，银行不予挂失，但可向收款单位说明情况，请求其协助防范。如果丢失的是填写持票人姓名的转账汇票，由于这种汇票可以背书转让，没有确定收款和兑付银行，所以很难找到对方单位请求协助，可以要求银行予以协助。

2. 收款单位丢失的是可以支取转账的银行汇票，则可以向银行申请挂失，单位向银行申请挂失时，应填写一式三联"汇票挂失申请书"，送交汇票指定的兑付银行或签发银行申请挂失止付。经银行审查同意后，挂失申请单位向银行交付手续费，上银行办理挂失手续并迅速与汇款单位联系，说明汇票丢失情况，请其另行汇款，以便及时办理结算。

3. 汇款单位采购员自行丢失转账汇票向银行申请挂失的，也应填写一式三联"汇票挂失申请书"向兑付银行办理挂失，经取得银行受理挂失的回单后，立即将汇票挂失回单返回本单位交给财会部门妥善保管，待付款期满一个月后，确未冒领的由汇票签发银行办理退汇。

三、银行汇票结算方式的结算程序

(1)汇款单位向银行申请办理银行汇票,应按规定填制"银行汇票委托书"交给开户银行,银行受理并收妥款项后,签发银行汇票交给汇款单位,由汇款单位持往异地,与汇票填明的收款单位办理款项结算。

(2)收款单位收到银行汇票经审核无误后,根据实际需要的款项办理结算,将实际结算金额和多余金额填入银行汇票有关栏内,并在汇票背面加盖收款单位公章,然后根据实际结算金额填制进账单,将进账单和银行汇票一并送交开户银行办理转账手续。

(3)收款单位开户银行接到上述有关凭证经审核无误后,将款项划入收款单位存款户,然后与汇款单位开户银行办理内部结算。

(4)汇款单位开户银行接到有关银行汇票凭证,经划转支付应结算款项后,若有多余金额,即将款项划回原汇款单位存款户,并通知尾数入账。其结算程序示意见图5-3。

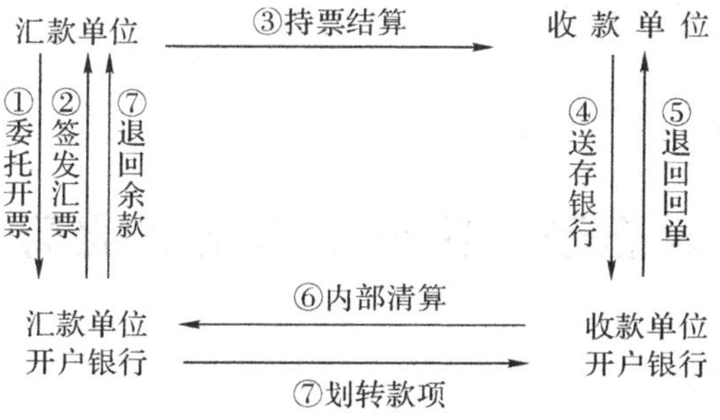

图 5-3

四、银行汇票的核算

申请人向银行申请签发银行汇票时,应填一式数联的"汇票申请书",并在支款凭证联上加盖预留印鉴,留下存根联作为入账凭证,将其他联送交签发银行。银行凭支款凭证扣取款项,并据以签发银行汇票,将银行汇票和汇款解讫通知两联结算凭证交与申请人,然后由申请人自带这两联结算凭证去异地与收款人办理结算。

收款人将银行汇票审查无误后,应在汇票金额以内填写实际结算金额,多余的金额应填入多余金额栏内。如果全额解付的,在多余金额栏内写上零。然后在汇票上加盖单位在银行预留的印鉴,填写进账单,解入银行。经银行审核无误后,在进账单上加盖收款单,收款人取回进账单收账通知联,作为收款的入账凭证。银行留下另一联进账单和银行汇票，将汇票解讫通知寄往签发银行，签发银行收到汇票解讫通知后，据以入账，将汇票多余金额项主动退还申请人账户，并将汇票多余款收账通知送交申请人，作为其退回余额的入账依据。

采用银行汇票结算的核算方法与银行本票基本相同。

【例 5-1】 杭州某公司去广州采购商品

(1)3 月 1 日填制银行汇票申请书 50 000 元，银行受理后，签发银行汇票，分录如下：

借：其他货币资金——银行汇票　　50 000

　贷：银行存款　　50 000

(2)3 月 5 日公司向广州某食品厂购入食品批货款 40 000 元，税款 6 800 元，合计 46 800 元，用汇票支付，作分录如下：

借：材料采购　　40 000

应交税费——应缴增值税(进项税额)　　6 800

　贷：其他货币资金——银行汇票　　46 800

(3)3 月 10 日银行转来多余款收账通知，金额为 3 200 元，系本月 1 日签发的银行汇票使用后的余款，作分录如下：

借：银行存款　　3 200

　贷：其他货币资金——银行汇票　　3 200

第五节　银行本票结算业务

一、概念及种类

银行本票是申请人将款项交存银行，由银行签发给申请人的，承诺自己在见票时无条件支付确定的金额给收款人或者持票人的票据。银行本票是应客户请求而签发，以代替转账流通，节约转账使用，缓冲货币投放压力。银行本票一律为记名式，允许以背书转让，简化了结算手续，有利于实现资金清算的票据化，加速资金周转，扩展资金来源。

我国银行本票目前有两种：一种是定额本票，另一种是不定额本票。定额本票由人民银行委托专业银行代理签发，面额有 1 000 元、5 000 元、10 000 元和 50 000 元；不定额本票的金额起点为 1 000 元，由专业银行签发。单位、个体经营者和个人在同城范围的商品交易和劳务供应以及其他款项的结算均可以使用银行本票。

银行本票的样式如下表 5-9、5-10 所示。

表 5-9　定额本票格式

<table>
<tr><td>××银行本票存根
本票号码：IXV0000000
地　名：
收款人：

金　额：**壹万圆整**
用　途：
科　目(借)：
对方科目(贷)：
出票日期：　年　月　日

出纳　　复核　　经办</td><td>付款期限
×个月
××银行　地名　本票号码
本　　票

出票日期　　年　　月　　日
(大写)

收款人

凭票即付人民币　壹万圆整

转账　　现金　　￥10 000

出票行签章</td></tr>
</table>

表 5-10　不定额本票

××银行进账单(贷方凭证)

年　　月　　日　　第　　号

<table>
<tr><td rowspan="3">付款人</td><td>全　称</td><td></td><td rowspan="3">收款人</td><td>全　称</td><td colspan="9"></td></tr>
<tr><td>账　号</td><td></td><td>账　号</td><td colspan="9"></td></tr>
<tr><td>开户银行</td><td></td><td>开户银行</td><td colspan="9"></td></tr>
<tr><td colspan="3" rowspan="2">人民币
(大写)</td><td>千</td><td>百</td><td>十</td><td>万</td><td>千</td><td>百</td><td>十</td><td>元</td><td>角</td><td>分</td></tr>
<tr><td></td><td></td><td></td><td></td><td></td><td></td><td></td><td></td><td></td><td></td></tr>
<tr><td colspan="2">票据种类</td><td></td><td colspan="10" rowspan="3">科目(贷)
对方科目(借)
转账日期　　年　　月　　日

复核　　记账</td></tr>
<tr><td colspan="2">票据张数</td><td></td></tr>
<tr><td colspan="3">备注：</td></tr>
</table>

二、主要规定

(1)单位和个人在同一票据交换区域需要支付各种款项，均可以使用银行本票。

(2)本票的出票日期必须大写。

(3)银行本票可以用于转账，注明“现金”字样的银行本票可以用于支取现金。用于支取现金的本票，须在“人民币大写”栏先填写“现金”字样，后填写大写金额，并在代理付款行栏填明指定的同一票据区域范围内的代理付款行名称。小写金额应用压数机压印。

(4)提示付款期限自出票日起最长不得超过 2 个月。持票人超过付款期限提示付款的代理付款行不予受理。

(5)本票在付款期限内可以背书转让，但其背书必须连续。现金本票、未填写金额和收款人名称的，本票正面已写明“不得背书转让”字样的，本票不得背书转让。申请书的备注栏内注明“不得转让”的，出票行应当在本票正面注明。

(6)银行本票见票即付，不予挂失。遗失的不定额银行本票在付款期满后一个月，确未冒领，可以办理退款手续。跨系统银行本票的兑付，持票人开户银行可根据中国人民银行规定的金融机构往来利率，按实际垫付资金天数，向出票银行收取垫付资金利息。不直接参加人民银行同城交换的二级交换行的网点在系统内交换过程中所占用的时间不计收利息。

(7)签发现金银行本票时，申请人和收款人应均为个人，并交存现金才能办理。申请人或收款人为单位的，不得签发现金银行本票。签发现金银行本票金额超过 30 万元或同一日对同一申请人签发两张以上现金银行本票，须经开户银行上级行批准，并报人民银行当地分支机构备案。不定额银行本票的金额起点为 1 000 元。定额银行本票面额 1 000 元、5 000 元、10 000 元和 50 000 元。

(8)持票人因本票超过提示付款期限不获付款，在票据权利时效内请求付款时，应当向出票行说明原因、出具证明，并将本票交给出票行。持票人为个人的，还应交验本人身份证件。

(9)银行本票申请书一式三联，第一联由签发单位或个人留存，第二联由签发行办理本票的付款凭证，第三联由签发行办理本票的收款凭证。

三、银行本票结算的基本程序

结算程序与银行汇票结算方式基本相同，区别在于银行本票结算方式适用于同城范围内单位、个体经营户和个人之间的商品交易和劳务供应以及其他款项的结算。

1. 申请办理银行本票

申请人办理银行本票，应向银行填写一式三联“银行本票申请书”，其格式由人民银行各分行确定印制，详细填明收款人名称，个体经济者和个人需要支取转账的并应填明“转账”字样。如申请人在签发银行有关账户，则应在“银行本票申请书”上加盖预留银行印鉴。

2. 银行本票的签发

银行受理银行本票申请书，在办好转账或收妥转账后，签发银行本票。对个体经营户和个人需支取现金的，在银行本票上划去“转账”字样，加盖印章，不定额银行本票用压数机压印金额，将银行本票交给申请人。

专业银行签发不定额银行本票的余额和签发定额银行本票收的款项，应划缴人民银行。

3. 银行本票的付款

银行本票见票即付。申请人持银行本票可以向填明的收款单位或个体经营户办理结算。收款人为个人的也可以持转账的银行本票经背书向被背书的单位或个体经营户办理结算。具有“转账”字样的银行本票可以向银行支取转账。未在银行开立账户的收款人,凭具有“转账”字样的银行本票向银行支取转账,应在银行本票背面签字或盖章,并向银行交验有关证件。

兑付银行在接到收款人或被背书人交来的本票和两联进账单时,应审查本票是否真实,本票上的收款人或被背书人名称是否为该收款人,背书是否连续,内容是否符合规定,是否在付款期内,印章是否齐全,金额是否为压数机压印,大小写金额是否一致,进账单与本票是否相符等,确认无误后,办理兑付手续。如是转账支取的,应在第一联进账单上加盖转讫章作收款通知交给收款人或被背书人,第二联进账单作收入传票。如是转账支取的,由收款人填制一联支款凭条,经审查本票上填明收款人姓名和具有“转账”字样,并查验收款人的身份证后,办理转账支付手续。

其他注意事项

收款人在受理银行本票时应注意审查以下内容:

1. 收款人或被背书人是否确为本收款人。

2. 背书是否连续。

3. 银行本票付款期是否在规定的付款期内。

4. 签发的内容是否符合规定,有无涂改,印章是否清晰、有效。

5. 不定额银行本票是否有压数机压印的金额。

6. 持票人身份查验,摘录身份证号码。

银行本票一律记名,允许背书转让,其转让同汇票转让一样,须记名背书并交付票据。记名背书,应记载在本票的背面或粘单上,由背书人签章、记明被背书人名称和背书日期。如背书未记明日期的,视作为在本票到期日之前,粘单上的第一记载人应在本票和粘单的粘接处盖章。本票的背书转让,必须为票据的全额,对本票金额的一部分所作的背书或者将汇票金额分别转让给两人以上的背书无效。背书必须连续,即银行本票上的任意一个被背书人就是紧随其后的背书人,并连续不断。背书不得附有条件,如附有条件的,其条件视为没有记载。如本票的签发人在其正面记明“不准转让”字样的,该本票不得转让。背书人亦可记明“不准转让”字样,以禁止再转让,如其后手再背书并将本票转让他人,原背书人对其后的被背书人不负保证付款的责任。已经拒绝付款的本票和已逾付款期的本票,不得再背书转让。

申请人因银行本票超过付款期或其他原因要求退款时,可持银行本票到签发银行办理。由于银行本票为见票即付票据,故不挂失,如被人拾得后冒领,则自负损失,如遗失的不定额银行本票在付款期满后一个月,确未冒领,可以办理退款手续。

四、银行本票的核算

企业需要使用银行本票时，应填制银行本票申请书，银行受理后，为企业签发银行本票。企业取得银行本票时，根据银行本票申请书存根联借记“其他货币资金——银行本票”账户；贷记“银行存款”账户。企业购入商品以银行本票支付货款时，根据购进商品凭证借记“材料采购”等有关账户；贷记“其他货币资金——银行本票”账户。企业销售商品收到银行本票经审查无误后，应在银行本票上加盖背书，并根据以填制“进账单”一式两联，然后一并送交开户银行，经银行审核无误后在进账单上加盖收款章，取回进账单收款通知联届时根据销售无误凭证和进账单通知联借记“银行存款”账户；贷记“主营业务收入”等有关账户。

第六节　商业汇票结算业务

一、概念及种类

商业汇票是出票人签发的，委托付款人在指定日期无条件支付确定的余额给收款人或持票人的票据。商业汇票按承兑人的不同分为商业承兑汇票和银行承兑汇票。商业承兑汇票是由收款人签发、经付款人承兑，或由付款人签发并承兑票据。银行承兑汇票是在承兑银行开立账户的存款人签发，由其开户银行承兑付款。

（一）商业承兑汇票的样张如下表5-11、5-12所示。

表5-11　商业承兑汇票　　2　　　　汇票号码

出票日期　　年　　月　　日　　　　第　　号

<table>
<tr><td rowspan="3">付款人</td><td>全　称</td><td colspan="3"></td><td rowspan="3">收款人</td><td>全　称</td><td colspan="3"></td></tr>
<tr><td>账　号</td><td colspan="3"></td><td>账　号</td><td colspan="3"></td></tr>
<tr><td>开户银行</td><td></td><td>行号</td><td></td><td>开户银行</td><td></td><td>行号</td><td></td></tr>
<tr><td colspan="2">汇票金额</td><td colspan="6">人民币
（大写）</td><td colspan="2">千 百 十 万 千 百 十 元 角 分</td></tr>
<tr><td colspan="2">汇票到期日</td><td colspan="4"></td><td colspan="2">交易合同号码</td><td colspan="2"></td></tr>
<tr><td colspan="5">备注：</td><td colspan="5">负责：　　经办：</td></tr>
</table>

表 5-12　商业承兑汇票第二联的背面

被背书人	被背书人	被背书人
背书人签章 年　月　日	背书人签章 年　月　日	背书人签章 年　月　日

(二)银行承兑汇票的样张见表 5-13 所示。

表 5-13　银行承兑汇票　2　　汇票号码

出票日期　年　月　日　　第　号

<table>
<tr><td rowspan="3">收款人</td><td>全　称</td><td colspan="3"></td><td rowspan="3">承兑申请人</td><td>全　称</td><td colspan="3"></td></tr>
<tr><td>账　号</td><td colspan="3"></td><td>账　号</td><td colspan="3"></td></tr>
<tr><td>开户银行</td><td></td><td>行号</td><td></td><td>开户银行</td><td></td><td>行号</td><td></td></tr>
<tr><td colspan="2">汇票金额</td><td colspan="6">人民币
(大写)</td><td colspan="2">千 百 十 万 千 百 十 元 角 分</td></tr>
<tr><td colspan="2">汇票到期日</td><td colspan="6"></td><td colspan="2"></td></tr>
<tr><td colspan="3" rowspan="2">本汇票送请你银行承兑,并确认《银行结算办法》和承兑协议的各项规定。
此致
承兑银行
承兑申请人盖章
年　月　日</td><td>承兑协议编码</td><td colspan="2"></td><td colspan="2">交易合同号码</td><td colspan="2"></td></tr>
<tr><td colspan="3" rowspan="2">汇票签发人盖章

负责人　经办人</td><td colspan="4" rowspan="2">科目(付)
对方科目(收)

转账日期　年　月　日

复核　记账</td></tr>
<tr><td colspan="3">本汇票经本行承兑,到期日由本行付交。
承兑银行盖章
年　月　日</td></tr>
</table>

二、主要规定

1. 商业汇票必须记载以下事项:表明“商业承兑汇票”或“银行承兑汇票”的字样、无条件支付的承诺、出票金额、收付款人名称、出票日期及出票人签章。欠缺记载上列事项之一的商业汇票无效。

2. 商业汇票的收、付款人必须是在银行开立存款账户的法人或其他组织,在同城或异地均可使用,商业汇票只能转账,不能支取现金。

3. 商业汇票的付款期限自出票日开始计算,最长为 6 个月。商业汇票的提示付款期限,自汇票到期日起 10 日,持票人超过提示付款期限提示付款的,持票人开户银行不予受理。

4. 持票人提示付款时,应通过开户银行委托收款或直接向付款人提示付款。

5. 商业汇票在提示付款期限内可以背书转让，其背书必须是连续的；出票银行在商业汇票日填明“不得转让”字样的以及作为委托收款背书的商业汇票不得背书转让。

6. 银行承兑汇票申请人于汇票到期日未能足额交存票款的，应对出票人尚未支付的汇票金额按照每日万分之五计收利息。

在银行开立账户的法人之间根据购销合同进行商业交易，可以使用商业汇票。签发商业汇票必须以合法的商品交易为基础。禁止签发无商品交易的汇票。商业汇票承兑后，承兑人即付款人负到期无条件支付票款的责任。商业汇票一律为记名式。允许背书转让。商业汇票承兑期限由交易双方商定，不得超过9个月。

（一）商业承兑汇票

1. 商业承兑汇票按购、销双方约定签发。由收款人签发的商业承兑汇票，应交付款人承兑；由付款人签发的商业承兑汇票，应经本人承兑。承兑时，付款人须在商业承兑汇票下面签署“承兑”字样，并加盖预留银行印章，再将商业承兑汇票交给收款人。

2. 商业承兑汇票的办理办法：(1)商业承兑汇票的收款人或被背书人，对在同一城市的付款人承兑的汇票，应于汇票到期日将汇票送交银行办理收款，对在异地的付款人承兑的汇票，应于汇票到期日前五天内，将汇票交开户银行办理收款。对逾期的汇票，应于汇票到期日次日起十天内，将汇票送交开户银行办理收款。超过期限，银行不予受理。(2)办理商业承兑汇票收款时，均需填制委托收款凭证，并在“委托收款货物名称栏”注明“商业承兑汇票”及汇票号码，将汇票随托收凭证一并送交开户银行。

3. 收款人在商业承兑汇票审查中应注意的问题：(1)是否为中国人民银行统一印制的商业承兑汇票。(2)汇票的签发和到期日期、收付款单位的名称（必须是全称）和账号及开户银行（大小写金额）等栏目是否填写齐全正确。(3)汇票上的签章（签发人处应加盖签发单位的法人印章，承兑人盖章处盖付款人预留银行印章并填写承兑的日期）是否齐全正确。(4)汇票是否超过有效承兑期限（应注意：有效期是从承兑日开始计算，而不是从汇票的签发日开始）。(5)汇票上有无批注“不得转让”的字样。经转让的汇票，背书是否连续（每一手的背书是否为前一手的被背书人或收款人），背书的签章是否正确（是否为单位公章、财务专用章）。

（二）银行承兑汇票

1. 银行承兑汇票按双方约定签发。由收款人签发的银行承兑汇票，应交承兑申请人持汇票和购销合同向其开户银行申请承兑；自承兑申请人签发的银行承兑汇票，应由本人持汇票和购销合同向其开户银行申请承兑。

2. 每张银行承兑汇票的承兑金额最高不得超过1 000万元。承兑申请人持银行承兑汇票和购销合同向其开户银行申请承兑。

3. 银行按照有关规定审查，符合承兑条件的，与承兑申请人签订承兑协议，并在银行承兑汇票上盖章，用压数机压印汇票金额后，将银行承兑汇票和解讫通知交给承兑申请人。

4. 银行承兑汇票的承兑银行，应按票面金额向承兑申请人收取 0.5‰的手续费，手续费每笔不足 10 元的，按 10 元计收。

5. 银行承兑汇票的收款人或被背书人应在银行承兑汇票到期时，将银行承兑汇票、解讫通知、连同进账单送交开户银行办理转账，对逾期的汇票应于汇票到期日的次日起 10 日内，送交开户银行办理转账，超过期限的银行不予受理。

6. 银行承兑汇票的承兑申请人应于银行承兑汇票到期前将票款足额交存其开户银行。承兑银行于到期日凭票将款项付给收款人、被背书人或贴现银行。

7. 银行承兑汇票的承兑申请人于银行承兑汇票到期日未能足额交存票款时，承兑银行除凭票向收款人、被背书人或贴现银行无条件支付外，应根据承兑协议规定，对承兑申请人执行扣款，并对尚未扣回的承兑金额每天按 0.05%计收罚息。

三、商业汇票结算方式的结算程序

商业汇票按其承兑人的不同，分为商业承兑汇票和银行承兑汇票。

1. 商业承兑汇票

商业承兑汇票是指由收款人签发经付款人承兑，或由付款人签发并承兑的票据。

采用商业承兑汇票结算方式时，其结算程序是：付款人承兑商业汇票后交收款人结算款项；收款人或被背书人应在商业汇票到期时，委托银行收款，银行持商业汇票等有关凭证向付款人通知付款，付款人应按规定无条件支付款项，其结算程序示意见图 5-4。

图 5-4

2. 银行承兑汇票

银行承兑汇票是指由收款人或承兑申请人（付款人）签发，并由承兑申请人向开户银行申请，经银行审查同意承兑的票据。

采用银行承兑汇票结算方式时，其结算程序是：承兑申请人持收款人或本人签发的商业汇票和购销合同向开户银行申请承兑，银行收到后由信贷部门审核，然后与承兑申请人签订承兑协议，最后在商业汇票上盖章表示承兑，将银行承兑汇票和解讫通知书交给承兑申请人转交收款人。在承兑时，银行根据商业汇票的票面金额的千分之一但不低于10元向承兑申请人计收手续费。收款人或被背书人在银行承兑汇票到期时，填写进账单，连同银行承兑汇票和解讫通知书送交开户银行办理进账，承兑申请人应在到期日前将票款足额交存银行，到期支付票款，其结算程序示意见图5-5。

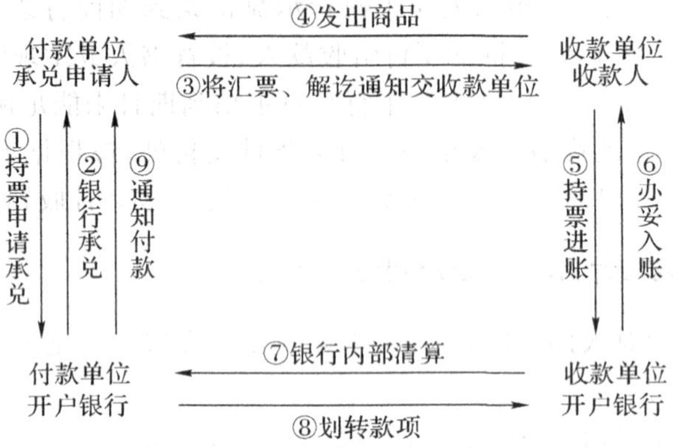

图 5-5

四、商业汇票的贴现

贴现是指票据持票人在票据到期前为获取票款，向银行汇票贴付一定的利息，而将商业汇票的债权转让给银行的一种票据转让行为。

当商业汇票的收款人需要资金时，可持未到期的商业汇票向其开户银行申请贴现。经银行审查同意后，将按票面金额扣除从贴现日止汇票到期日的利息后，予以贴现。企业将商业汇票向银行贴现的贴息及贴现所得的计算公式如下：

贴息＝票据到期值×月贴现率×实际贴现天数/30天

贴现所得＝票据到期值－贴息

实际贴现天数是按贴现银行向申请贴现人支付贴现所得之日起至汇票到期前一日。

无息商业汇票到期值即票面值，而带息商业汇票到期值是票面值加上到期利息，利息的计算公式如下：

带息商业汇票到期利息＝票面值×月利率×汇票期限/30天

目前使用的商业汇票基本上是不带息的商业汇票。

贴现凭证如表5-14所示。

表 5-14　贴现凭证　　1

申请日期　　年　　月　　日　　　　　　　　第　　号

贴现汇票	种类		号码		持票人	名称	
	出票日	年　月　日				账号	
	到票日	年　月　日				开户银行	
汇票承兑人	名称		账号		开户银行		
汇票金额	人民币（大写）					千百十万千百十元角分	
贴现率　‰	贴现利息	千百十万千百十元角分		实付贴现金额		千百十万千百十元角分	
附送承兑汇票申请贴现，请审核 持票人签章	银行审批	负责人　信贷员				科目（借） 对方科目（贷） 复核　记账	

五、商业汇票的核算

企业购进商品，签发商业汇票支付货款时，借记“商品采购”账户；贷记“应付票据”账户。

商业汇票有带息和不带息两种。如企业签发的是带息商业汇票，应于期末按票面利率计提利息，将其列入“财务费用”账户。

【例 5-2】 6 月 30 日，上海食品进出口公司将 1 个月前签发并承兑给上海食品厂的 3 个月期限的带息商业汇票 36 000 元，按 4.5‰的月利率计提本月应负的利息，作分录如下：

借：财务费用——利息支出　　　　　　　162

　贷：应付票据——利息——上海食品厂　　　　162

等商业汇票到期日，兑付票款时，如果是不带息商业汇票，应借记“应付票据”账户；贷记“银行存款”账户，如果是带息商业汇票，则应根据票据面值和预提的利息，借记“应付票据”账户；根据本期应负担的利息，借记“财务费用”账户；根据支付的本息，贷记“银行存款”账户。

【例 5-3】 8 月 30 日，上海食品厂进出口公司 3 个月前签发给上海食品厂带息商业汇票已到期，金额为 36 000 元，月利率 4.5‰。查前 2 个月已计提利息 324 元，当即从存款账户中兑付利息，作分录如下：

借：应付票据——面值——上海食品厂　　36 000

借：应付票据——利息——上海食品厂　　　324

借：财务费用——利息支出　　　　　　　162

　贷：银行存款　　　　　　　　　　　　　36 486

“应付票据”是负债类账户，用以核算企业购进商品和接受劳务供应所签发并承兑的商业汇票的面值和带息汇票计提的利息。企业以商业汇票抵付款项和带息汇票期末计提利息时，记入贷方；收到银行转来到期商业汇票的付款通知予以兑付时，记入借方；余额在贷方，表示尚未兑付的商业汇票的本息。

应付票据到期，如企业无力支付票款，应按应付票据的账面价值，借记“应付票据”账户；贷记“应付账款”账户。倘若是带息的应付票据，转入“应付账款”账户后，期末不再计提应付利息。

企业销售商品收到商业汇票时，借记“应收票据”账户；贷记“主营业务收入”等有关账户。

如果企业收到的是带息商业汇票，期末应按商业汇票的面值和票面月利率计提利息，届时借记“应收票据”账户；贷记“财务费用”账户。

【例 5-4】 10 月 31 日，上海服装进出口公司 1 个月前收到的恒隆商厦签发并承兑的期限为 3 个月的带息商业汇票 1 张，面值为 24 000 元，按 4.5‰的月利率计提利息，作分录如下：

借：应收票据——利息——恒隆商厦　　108

　贷：财务费用——利息支出　　108

等商业汇票到期日，应填制委托收款凭证，连同商业汇票一并送交开户银行办理收款，等到收到银行转来委托收款的收款通知联时入账。如果是不带息商业汇票，应借记“银行存款”账户；贷记“应收票据”账户。如果是带息商业汇票，则应根据收到的汇票的本息借记“银行存款”账户；根据汇票的面值和已计提的利息，贷记“应收票据”账户；两者的差额是本期的利息收入，应冲减“财务费用”账户。

【例 5-5】 12 月 31 日，海服装进出口公司 3 个月前收到的恒隆商厦的带息商业汇票 1 张，面值为 24 000 元，按 4.5‰的月利率。该汇票已经到期，收到本息，存进银行，作分录如下：

借：银行存款　　24 324

　贷：应收票据——面值　　24 000

　贷：应收票据——利息　　216

　贷：财务费用——利息支出　　108

应收票据到期，如果付款人无力支付票款，应按应收票据的账面价值，借记“应收账款”账户；贷记“应收票据”账户。如果是带息应收票据，转入“应收账款”账户以后，期末时不再计提应收利息。

“应收票据”是资产类账户，用以核算企业销售商品收到购货方已承兑尚未到期兑现的商业汇票的面值和带息商业汇票期末计提利息时，记入借方；商业汇票到期兑现或期前背书转让，及向银行贴现时，记入贷方；余额在借方，表示尚未兑现的商业汇票的本息。

商业汇票贴现的核算

【例 5-6】 上海电器进出口公司发生下列经济业务：

(1)6 月 1 日，销售给梅龙商厦进口商品一批，货款 27 000 元，收到已承兑的商业汇票一张，月利率为 4.5‰，期限 60 天，到期日为 7 月 31 日，作分录如下：

借：应收票据——梅龙商厦　　27 000

　贷：自营进口销售收入　　27 000

(2)6 月 16 日，将上笔业务收到的商业汇票向开户银行申请贴现，贴现的月利率为 4.2‰，其贴现所得计算如下：

票据到期值＝27 000＋27 000×4.5‰×60/30＝27 243(元)

票据贴息＝27 243×4.2‰×45/30＝171.63(元)

贴现所得＝27 243－171.63＝27 071.37(元)

企业取得贴现所得时，根据收账通知，作分录如下：

借：银行存款　　27 071.37

　贷：应收票据——梅龙商厦　　27 000

　贷：财务费用——利息支出　　71.37

第七节　委托收款结算业务

一、概念及种类

委托收款，是指收款人委托银行向付款人收取款项的结算方式。委托收款分邮寄和电报划回两种，由收款人选用。前者是以邮寄方式由付款人开户银行向收款人开户银行转送委托收款凭证、提供收款依据的方式，后者则是以电报方式由付款人开户银行向收款人开户银行转送委托收款凭证，提供收款依据的方式。

根据凭证传递方式不同，委托收款可分为委邮和委电两种，由收款人选用。邮寄划回和电报划回凭证均一式五联。第一联回单，由收款人开户行给收款人的回单；第二联收款凭证，由收款人开户行作收入传票；第三联支款凭证，由付款人开户行作付出传票；第四联收款通知(或发电依据)，由收款人开户行在款项收妥后给收款人的收款通知(或付款人开户行凭以拍发电报)；第五联付款通知，由付款人开户行给付款人按期付款的通知。

凡在银行或其他金融机构开立账户的单位和个体经济户的商品交易，公用事业单位向用户收取水电费、邮电费、煤气费、公房租金等劳务款项以及其他应收款项，无论是在同城还是异地，均可使用委托收款的结算方式。

二、主要规定

1. 委托收款结算不受金额起点限制。

2. 委托。这是指收款人向银行提交委托收款凭证和有关债务证明并办理委托收款手续的行为。委托收款凭证即是如前所述的按规定填写凭证;有关债务证明即是指能够证明付款到期并应向收款人支付一定款项的证明。

3. 付款。这是指银行在接到寄来的委托收款凭证及债务证明,并经审查无误后向收款人办理付款的行为。根据《支付结算办法》的规定,银行可根据付款人的不同而在不同的时间付款,从而改变了原《银行结算办法》统一3天的付款期。具体而言:

(1)以银行为付款人的,银行应在当日将款项主动支付给收款人;

(2)以单位为付款人的,银行应及时通知付款人,按照有关办法规定,需要将有关债务证明交给付款人的应交给付款人,并签收。付款人应于接到通知的当日书面通知银行付款;如果付款人未在接到通知日的次日起3日内通知银行付款的,视同付款人同意付款,银行应于付款人接到通知日的次日起第4日上午开始营业时,将款项划给收款人。

4. 付款人拒绝付款。付款人审查有关债务证明后,对收款人委托收取的款项需要拒绝付款的,可以办理拒绝付款。付款人对收款人委托收取的款项需要全部拒绝付款的,应在付款期内填制"委托收款结算全部拒绝付款理由书",并加盖银行预留印鉴章,连同有关单证送交开户银行,银行不负责审查拒付理由,将拒绝付款理由书和有关凭证及单证寄给收款人开户银行转交收款人。需要部分拒绝付款的,应在付款期内出具"委托收款结算部分拒绝付款理由书",并加盖银行预留印鉴章,送交开户银行,银行办理部分划款,并将部分拒绝付款理由书寄给收款人开户银行转交收款人。

5. 无款支付的规定。付款人在付款期满日、银行营业终了前如无足够资金支付全部款项,即为无款支付。银行于次日上午开始营业时,通知付款人将有关单证(单证已作账务处理的,付款人可填制"应付款项证明书"),在两天内退回开户银行,银行将有关结算凭证连同单证或应付款项证明单退回收款人开户银行转交收款人。

6. 付款人逾期不退回单证的,开户银行应按照委托收款的金额自发出通知的第3天起,每天处以0.5%但不低于50元的罚金,并暂停付款人委托银行向外办理结算业务,直到退回单证时为止。

三、委托收款结算方式的结算程序

委托收款结算方式的结算程序是:收款单位委托银行收款,应向银行提供收款依据,并填写委托收款结算凭证,经银行审核后,接受委托;银行将有关凭证传递给付款单位通知付款,付款单位应在规定的付款期内审核有关凭证,支付款项,付款期为3天,付款单位在付款期内若未向银行提出拒付,则银行视同默许承付,并在付款期满次日将款项自动划转收款单位存款户,并发收账通知单通知收款单位。其中款项的划转可采用邮划和电划两种方式。其结算程序示意见图5-6。

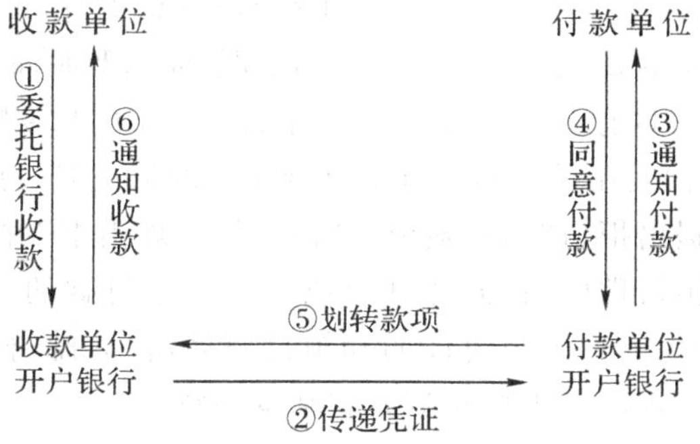

图 5-6

第八节　托收承付结算业务

一、概念及种类

托收承付是根据购销合同由收款人发货后委托银行向异地付款人收取款项，由付款人向银行承认付款的结算方式；按照现行规定，托收承付凭证与委托收款凭证是合用的。使用托收承付结算方式的收款单位和付款单位，必须是国有企业，供销合作社以及经营管理较好、并经开户银行审查同意的城乡集体所有制工业企业。

二、主要规定

托收承付结算每笔的金额起点为 10 000 元。新华书店系统每笔结算的金额起点为 1 000 元。托收承付结算款项的划回方法，分邮寄和电报两种。

办理托收承付结算的款项，必须是商品交易，以及因商品交易而产生的劳务供应的款项。代销、寄售、赊销商品的款项，不得办理托收承付结算。

1. 托收。收款人按照签订的购销合同发货后，应将托收凭证并附发送证件或其他符合托收承付结算的有关凭证和交易单证送交银行办理托收。企业办妥托收手续则为托收成立。

2. 承付。付款人收到开户银行交来托收凭证及其附件后，应在承付期内审查核对，安排资金。承付货款分为验单付款和验货付款两种。

(1)验单付款。验单付款期为 3 天，从付款人开户银行发出承付通知的次日算起(承付期内遇法定休假日顺延)。付款人在承付期内，未向银行表示拒绝付款，银行即视作承付，并代付款人划款给收款人。

(2)验货付款。验货付款的承付期为 10 天，从运输部门向付款人发出到货通知的次日算起，付款人收到提货通知后，应即向银行交验提货通知。

付款人在承付期满日银行营业终了时，如无足够资金支付，其不足部分，按逾期付款处理，付款人开户银行对付款人逾期未能付款的情况，应当及时通知收款人开户银行，由其转告收款人，付款人一旦有款，由付款人开户银行按规定的扣款顺序执行扣款。

3. 拒绝付款。付款人在承付期内有不符合条件的情况时，可向银行提出全部或部分拒绝付款。付款人提出拒付时，必须填写“拒绝付款理由书”并签章，注明拒付理由。付款人开户银行审查拒付理由后，同意部分或全部拒绝付款的，在拒付理由书上签注意见，并将拒绝付款理由书连同拒付证明和拒付商品清单，邮寄收款人开户银行转交收款人。托收承付结算程序与委托收款方式基本一致。

付款人承付货款时，借记有关账户，贷记“银行存款”账户；收款人收到银行的入账通知时，借记“银行存款”账户，贷记有关账户。

三、托收承付结算方式的结算程序

托收承付结算方式的结算程序是：收款单位按合同规定发出货物后，及时填制一式五联的托收承付结算凭证，连同合同、发票结算联、发运单送交开户银行，办理托收手续，收款单位开户银行对托收凭证要认真审核，接受委托以后，应将有关凭证转给付款单位开户银行；付款单位开户银行接到托收凭证后，应及时通知付款单位，付款单位接到开户银行的承付通知和附件后，应在规定的承付期内进行审查和核对，分别验单付款承付期为 3 天，验货付款承付期为 10 天。若付款单位在承付期内未向银行表示拒付，则银行视为默许承付，在承付期满的次日上午就自动将款项从付款单位存款户内划出，转入收款单位开户银行，收款单位开户银行将款项转入收款单位存款户，并发收账通知单通知收款单位。其中款项的划转可采用邮划和电划两种方式。其结算程序示意见图 5-7。

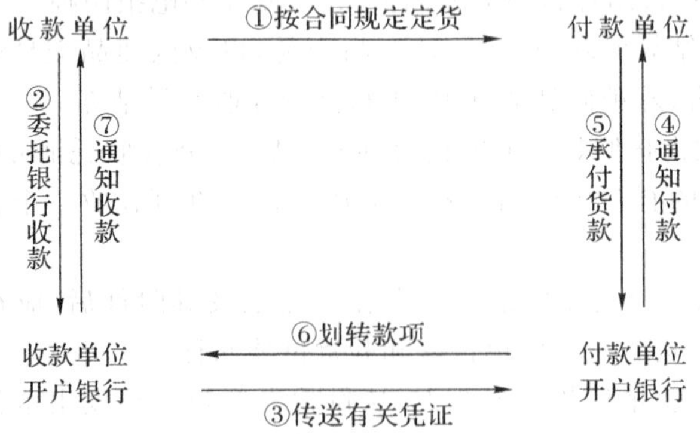

图 5-7

第九节　信用卡结算业务

一、概念及种类

信用卡，是指由银行或专营机构签发，可在约定银行或部门存取转账、购买商品及支付劳务报酬的一种信用凭证。持卡人可在同城和异地凭卡支取转账、转账结算和消费信用等。迄今为止，中国银行、中国工商银行、中国农业银行、中国建设银行已分别先后向社会推出了“长城卡”、“牡丹卡”、“金穗卡”、“建设银行万事达、维萨卡”，一些地方银行亦在各地发行了自己的信用卡。信用卡产生的结算关系一般涉及三方当事人：即银行、持卡人和商户。商户向持卡人提供商品或服务的商业信用，然后向持卡人的发卡行收回货款或费用，再由发卡行或代办行向持卡人办理结算。

二、主要规定

(一)根据《支付结算办法》的规定，单位卡和个人卡的申请与使用不尽相同

凡申领单位卡的单位，必须在中国境内金融机构开立基本存款账户，并按规定填制申请表，连同有关资料一并送交发卡银行。该单位符合条件并按银行要求交存一定金额的备用金以后，银行为申领人开立信用卡存款账户，并发给信用卡。单位卡可以申领若干张，持卡人资格由申领单位法定代表人或其委托的代理人书面指定和注销。

在单位卡的使用过程中，其账户的资金一律从其基本存款账户转账存入，不得交存转账，不得将销货收入的款项存入其账户。单位卡的持卡人不得用于 10 万元以上的商品交易、劳务供应款项的结算，并一律不得支取转账。如果需要向其账户续存资金的，单位卡的持卡人必须按前述转账方式转账存入。

凡具有完全民事行事能力的公民可申领个人卡。个人卡的主卡持卡人可为其配偶及年满 18 周岁的亲属申领附属卡，申领的附属卡最多不超过两张，也有权要求注销其附属卡。

(二)信用卡的透支规定

根据《支付结算办法》的规定，信用卡的持卡人在信用卡账户内资金不足以支付款项时，可以在规定的限额内透支，并在规定期限内将透支款项偿还给发卡银行。但是，如果持卡人进行恶意透支的，即超过规定限额或规定期限，并经发卡银行催收无效的，持卡人必须承担相应的法律责任。

根据《支付结算办法》的规定，信用卡透支额，金卡最高不得超过 10 000 元，普通卡最高不得超过 5 000 元。信用卡透支期限最长为 60 天。关于信用卡透支的利息，依《支付结算办法》的规定，自签单日或银行记账日起 15 日内按日息 0.05%计算。超过 15 日按日息 0.1%计算，超过 30 日或透支金额超过规定限额的，按日息 1.5‰计算，透

支计息不分段,按最后期限或最高透支额的最高利率档次计算。

（三）信用卡的销户

持卡人不需要继续使用信用卡的,应持信用卡主动到发卡银行办理销户。持卡人办理销户时,如果账户内还有余额,属单位卡的,则应将该账户内的余额转入其基本存款账户,不得提取转账;个人卡账户可以转账结清,也可以提取转账。

持卡人透支之后,只有在还清透支本息后,在下列情况下,可以办理销户:

(1)信用卡有效期满 45 天后,持卡人不更换新卡的;

(2)信用卡挂失满 45 天后。没有附属卡不更换新卡的:

(3)信用卡被列入止付名单,发卡银行已收回其信用卡 45 天的;

(4)持卡人死亡,发卡银行已收回其信用卡 45 天的;

(5)持卡人要求销户或担保人撤销担保,并已交回全部信用卡 45 天的;

(6)信用卡账户两年以上未发生交易的;

(7)持卡人违反其他规定,发卡银行认为应该取消资格的。发卡银行办理销户,应当收回信用卡。有效信用卡无法收回的,应当将其止付。

（四）信用卡的挂失

信用卡丢失后,持卡人应立即持本人身份证件或其他有效证明,并按规定提供有关情况,向发卡银行或代办银行申请挂失。发卡银行或代办银行审核后办理挂失手续。如果持卡人不及时办理挂失手续而造成损失的,则应自行承担该损失;如果持卡人办理了挂失手续而因发卡银行或代办银行的原因给持卡人造成损失的,则应由发卡银行或代办银行承担该损失。

三、信用卡在消费中的结算程序

持卡人持信用卡消费时,应按以下程序进行:

1. 持卡人将信用卡和身份证件一并交特约单位。如果信用卡属智能卡、照片卡可免验身份证件。特约单位不得拒绝受理持卡人合法持有的、签约银行发行的有效信用卡,不得因持卡人使用信用卡而向其收取附加费用。

2. 特约单位应审查信用卡。重点审查下列事项:

(1)确为本单位可受理的信用卡;

(2)信用卡在有效期内,未列入“止付名单”;

(3)签名条上没有“样卡”或“专用卡”等非正常签名的字样;

(4)信用卡无打孔、剪角、毁坏或涂改的痕迹;

(5)持卡人身份证或卡片的照片与持卡人相符,但使用智能卡、照片卡或持卡人凭密码在销售点终端上消费、购物,可免验身份证;

(6)卡片正面的拼音姓名与卡片背面的签名和身份证件上的姓名一致。

3. 办理结算手续。特约单位受理信用卡审查无误的,在签购单上压卡,填写实际结算金额、用途、持卡人身份证件号码，特约单位名称和编号。如超过支付限额的，应向发卡银行索取并填写授权号码，交持卡人签名确认，同时核对其签名与卡片背面签名是否一致。经审查无误后，对同意按经办人填写的金额和用途付款的，由持卡人在签购单上签名确认并将信用卡、身份证件和第一联签购单交还给持卡人。特约单位在每日营业终了，应将当日受理的信用卡签购单汇总，计算手续费和净计金额，并填写汇计单和进账单，连同签购单一并送交收单银行办理进账。收单银行接到特约单位送交的各种单据，经审查无误后，为特约单位办理进账。

七、信用卡业务核算

企业在银行开户存入信用卡备用金时，借记“其他货币资金——信用卡存款”账户；贷记“银行存款”账户。在开户时支付的手续费，应列入“财务费用”账户。企业持信用卡支付货款或费用时，根据购进商品或支付费用的凭证和签购单回单，借记“材料采购”或“管理费用”等有关账户，贷记“其他货币资金——信用卡存款”账户。

思考题

1. 什么是支付结算？结算的原则是什么？
2. 企业使用的票据和结算凭证必须符合哪些规定？
3. 票据上的签章是如何规定的？
4. 票据背书规定有哪些？
5. 试述票据与结算凭证的填写。
6. 票据挂失有何规定？
7. 怎样计算票据期限？
8. 试述结算纪律和违反纪律应承担的相应责任。
9. 什么是支票？它有哪些种类？支票的结算有哪些规定？
10. 收到支票如何审核？
11. 什么是汇兑结算？如何办理汇兑手续？
12. 什么是银行本票、银行汇票和商业汇票？
13. 分述银行本票、银行汇票和商业汇票结算的主要规定。
14. 什么是信用卡？信用卡结算有哪些主要规定？
15. 什么是托收承付和委托收款？分述其主要规定。
16. 什么是贴现？贴现所得是怎样计算的？

练习题

练习一

目的：练习票据和信用卡结算的核算

资料：杭州某公司6月份发生下列经济业务：

1. 1日，向精工服装厂购进服装一批，计货款48 000元，增值税8 160元，合计56 160元，当即签发转账支票付讫。

2. 3 日，销售服装一批，货款 30 000 元，增值税 5 100 元，合计 35 100 元，收到转账支票，当即存入银行。

3. 5 日，填制银行本票申请书一份，金额 292 500 元，银行受理后，签发银行本票。

4. 7 日，向新艺服装厂购进服装一批，货款 25 000 元，增值税 4 250 元，以 5 日签发的银行本票支付。

5. 10 日，填制银行汇票申请书一份，金额 60 000 元，银行受理后，收到同等数额的银行汇票。

6. 12 日，销售服装一批，货款 200 000 元，增值税 3 400 元，收到票面金额为 25 000 元的银行汇票一张，当即按实际金额结算，并存入银行。

7. 15 日，向宁波某厂购进服装一批，货款 48 000 元，，增值税 8 160 元，合计 56 160 元，款项用 10 日签发的银行汇票支付，余额尚未退回。

8. 16 日，销售给某商厦服装一批，货款 50 000 元，增值税 8 500 元，收到 2 个月期限金额为 58 500元的不带息商业汇票。

9. 18 日，银行转来多余款收账通知，金额为 3 840 元，系本月 15 日使用后的余额。

10. 19 日，存入信用卡备用金 10 000 元，发生开户费 40 元，一并签发转账支票支付。

11. 20 日，向新光服装厂购进服装一批，货款 40 000 元，增值税 6 800 元当即签发 3 个月期限的商业汇票付讫。

12. 27 日，招待客户消费 1 020 元，以信用卡存款付讫。

13. 30 日，将本月 16 日收到的商业汇票，向银行申请贴现，月贴现率为 4.2‰，银行审查后同意贴现，并将贴现所得存入银行。

要求编制分录。

练习二

目的：练习汇兑、托收承付和委托收款的核算

资料：某企业为小规模纳税人，9 月份发生下列经济业务

1. 2 日，向常州某厂函购材料一批，填制电汇结算凭证，汇出款项 38 000 元。

2. 5 日，银行转来信汇收账通知一张，金额 35 000 元，系郑州某公司汇来函购产品的款项。

3. 8 日，电汇广州某工商银行 30 000 元，开立采购专户。

4. 10 日，发给郑州某公司产品一批，合计货款 33 000 元，委托某货运公司代运，运杂费 1 100 元，用转账支票支付，产品已运出，余款也从银行汇还对方。

5. 12 日，从广州采购材料一批，货款 27 600 元，运费 1 000 元，一并从本月 8 日在广州开立的采购专户支付，

6. 15 日，广州采购专户已结清，余款已退回存入银行。

7. 18 日，常州某厂发来函购材料一批，并收到附来的发票和运费凭证，开列货款 35 000 元，运杂费 1 150 元，余款也已汇回存入银行。

8. 22 日，销售给南京某商厦产品一批，货款 29 600 元，货已发出，并向银行办妥托收承付结算手续。

9. 25 日，银行转来常熟某厂托收承付结算凭证，金额为 42 180 元，并附来发票一张，经审核无误，当即承付。

10. 28 日，收到银行转来南京商厦承付款项的收账通知，金额为 29 600 元。

11. 30 日，银行转来电力公司特约委托收账凭证付款通知联，金额 2 780 元，系支付本月份电费。

要求编制会计分录。

第六章

货币资金的清查

第一节　现金的清查

为了及时发现或防止现金收付差错事故和不法行为的发生，企业必须对库存现金进行定期或不定期的清查盘点，如发现长余或短缺，应及时查明原因，并做出处理。

一、现金的清查方法和内容

现金的清查，是采用实地盘点的方法来确定现金的实存数，然后以实存数与现金日记账的账面余额进行核对，以查明账实是否相符及盈亏情况。现金的清查，包括出纳人员每日进行的清查和清查小组进行的清查。每日业务终了，出纳人员都应将现金日记账的账面余额与现金实存数进行核对，做到账款相符。清查小组进行现金清查时，出纳人员必须在场，出纳员应配合清查小组进行清查，清查时出纳人员应将截至清查时为止的收付款业务的记账凭证登记入账，然后结出余额，同时，应将库存现金按币值分类整理以便清点。

现金的清查，还应当注意有无违反现金管理制度的现象，有无以借条、收据充抵库存现金，有无挪用、贪污公款等。盘点结束后，应根据盘点结果，编制“现金盘点报告表”，并由盘点人员和出纳人员签章。“现金盘点报告表”兼有“盘点单”和“实存账存对比表”的作用，是反映现金实有数和调整账簿记录的重要原始凭证。其一般格式，参见表 6-1。

表 6-1　现金盘点报告表

单位名称：　　　　　　　　　　　　年　　月　　日

实存金额	账存金额	实存与账存对比		备注
		盘盈	盘亏	

盘点人：　　　　　　　　　　　　　　　　　　　　　　　　出纳员：

二、现金清查结果的账务处理

现金清查结束，根据“现金盘点报告表”查明原因。在未查明原因前，应通过“待处理财产损溢”科目核算，待查明原因后，再转入有关科目。财务处理如下：

【例6-1】 企业在现金清查中发现现金短款225元，应根据“现金盘点报告表”编制现金付款凭证，作如下分录：

借：待处理财产损溢——现金短款　　225

　贷：库存现金　　225

经查，现金短款的原因为出纳人员工作疏忽造成的，属于出纳人的责任，决定由出纳人员赔偿时，应根据处理通知书，编制转账凭证，作如下分录：

借：其他应收款——（出纳人员姓名）　　225

　贷：待处理财产损溢——现金短款　　225

待出纳人员作出赔偿时，编制收款凭证，作如下分录：

借：库存现金　　225

　贷：其他应收款——出纳人员姓名　　225

如上述短款是由于非常损失（火灾、盗窃等）原因造成的，经批准核销时，作如下账务处理：

借：营业外支出　　225

　贷：待处理财产损溢——现金短款　　225

【例6-2】 企业在现金清查中发现现金长款100元，应根据“现金盘点报告单”编制现金收款凭证，作如下分录：

借：库存现金　　100

　贷：待处理财产损溢——现金长款　　100

若以上现金的长款原因无法查明，决定作为营业外收入处理，应根据处理通知书编制转账凭证，作如下分录：

借：待处理财产损溢——现金长款　　100

　贷：营业外收入　　100

第二节　银行存款的清查

一、银行存款的清查方法和内容

银行存款的清查，是采用与银行核对账目的方法来进行的，也就是在进行银行存款清查时，应将本单位的银行存款日记账与从银行取得的对账单逐笔进行核对，以查明银行存款的收入、付出和结余的记录是否正确。

开户银行送来的对账单，是银行在收付本单位存款时复印的账页，它完整地记录了本单位银行存款的存入、支出和结余额，是进行银行存款清查的重要依据。

在与银行核对账目之前，应先仔细检查本单位银行存款日记账的正确性和完整性，然后再将其与银行对账单逐笔进行核对，核对的内容包括收、付的金额，结算凭证、种类和号数，收入的来源，支出的用途，发生的时间，某日止的存款余额等。通过核对，如果发现本单位有错账或漏账，应及时更正；如果发现银行有错账或漏账，应及时通知银行查明更正。但是，即使双方记账均无错误，也常常会出现银行对账单上的存款余额与本单位银行存款日记账上的存款余额不一致的情况，这是因为双方之间往往会发生未达账项。所谓未达账项，是指由于结算凭证在双方之间传递需要一定时间，而造成的一方已经入账，而另一方尚未收到结算凭证从而尚未入账的款项。企业与银行之间的未达账项，大致有以下四种情况：

1. 企业送存银行的款项，企业已记账，作为银行存款的增加，但银行尚未入账；

2. 企业开出支票从银行存款中付出款项，企业已经记账，作为银行存款的减少，但银行尚未付款、记账；

3. 银行代企业收进的款项，银行已记账，作为企业存款的增加，但企业尚未收到通知，所以尚未入账；

4. 银行代企业支付的款项，银行已记账，作为企业存款的减少，但企业尚未收到通告，所以尚未入账；

上述的第一、第四两种情况，会使企业账面的存款余额大于银行对账单所列的存款余额；而第二、第三情况，会使企业账面的存款余额小于银行对账单所列存款余额。因此，在核对双方账目时，必须注意有无未达账项，如果发现有未达账项，则应据以编制“银行存款余额调节表”，以便检验双方的账面余额是否一致。

二、银行存款日记账与银行对账单的核对

月末，出纳员将银行存款日记账与银行对账单逐笔进行核对，经核对相符的，出纳员应在银行存款日记账和银行对账单上做出“√”记号。

【例 6-1】 某工厂，××年 6 月 1 日银行存款日记账余额为 15 715 元，6 月份发生下列银行存款收付业务：

①5 日以银行存款 2 000 元支付购入材料运费(银付 304 号)。

②10 日收到应收账款 20 000 元。存入银行(银收 306 号)。

③15 日从银行提取现金 500 元备用(银付 305 号)

④19 日以银行存款 19 680 元支付甲材料价款 16 820 元、增值税 2 860 元(银付 306 号)。

⑤20 日以银行存款 8 400 元支付购买乙材料款 7 179 元、增值税 1 221 元(银付 307 号)。

⑥21 日销售产品一批，货款 14 000 元、增值税 2 380 元，存入银行（银收 307 号）。

⑦22 日以银行存款支付修理费 188 元（银付 308 号）。

1. 根据上述经济业务编制银行收款记账凭证和银行付款记账凭证（略）。并据以登记银行存款日记账。见表 6-2。

表 6-2　银行存款日记账

存款种类：基本存款户　　　　第×页　　单位：元

20××年		凭证		摘要	银行结算凭证		收入	付出	结存
月	日	种类	号数		种类	号数			
6	1			上月结存					15 715
	5	银付	304	支付运费	转支	344		2 000	
	10	银付	306	收回货款	托收	410	20 000		
	15	银付	305	提取现金	现支	120		500	
	19	银付	306	支付货款	转支	345		19 680	
	20	银付	307	支付货款	转支	347		8 400	
	21	银收	307	销售产品	转支	510	16 380		
	22	银付	308	支付修理费	转支	348		188	
				本月合计			36 380	30 768	21 327

2. 6 月 30 日银行送来对账单。见表 6-3。

表 6-3　××银行对账单

××年 6 月 30 日

××年		摘要	结算凭证号数	存入	支出	存或欠	余额
月	日						
6	1	余额					15715
	10	转账收入		20 000			
	15	支出			500		
	6	代付电费			1 560		
	19	支出	转支 2153445		19 680		
	20	支出	转支 215346		200		
	30	存款利息		244			
	30	代收货款		5 940			
	30	支出			8 400	存	11 559

3. 将银行存款日记账与对账单逐笔核对，然后编制“银行存款余额调节表”。表 6-4。

表 6-4 银行存款余额调节表

20××年 6 月 30 日

单位:元

项目	金额	项目	金额
企业银行存款日记账余额 加:企业未入账的收入款项 减:企业未入账的支出款项	21 327 244 5 940 1 560 200	银行对账单余额 加:银行未入账的收入款项 减:银行未入账的支出款项	11 559 16 380 2 000 188
调节后的存款余额	25 751	调节后的存款余额	25 751

如果调节后的双方余额相等(如以上举例),则一般说明双方记账没有差错,若不相等,则表明记账有差错;应进一步核对,以查明原因予以更正。

应当指出的是:对于银行已经入账本单位尚未入账的未达账项,应在有关结算凭证到达后,再据以记账;对于长期悬置的未达账项,应及时查明原因,予以解决。

上述银行存款的清查方法,也适用于各种银行借款的清查。但在清查银行借款时,还应检查借款是否按规定的用途使用,是否按期归还。

第三节　其他货币资金的清查

其他货币资金是指除库存现金、银行存款以外的货币资金,包括外埠存款、银行汇票存款、银行本票存款、信用证存款和在途货币资金等。其他货币资金是为了某种结算而存入银行的款项,它与现金和银行存款相比,具有单独存放地点和专门用途的特点。

其他货币资金在货币资金项目中,业务数量少,因此,对其他货币资金收支事项,应逐笔清查。

一、外埠存款的清查

外埠存款是指企业到外地进行临时或零星采购时,汇往采购地银行开立采购专户的款项。

外埠存款清查要点如下:

1. 清查发生外埠存款的必要性。通常在没有固定供货单位、采购的物资又零星分散、采购时间较长的情况下才采用这种方法。应清查其开立账户是否符合规定,是否专门为了采购业务需要,有无代其他单位或个人办理结算事项;有无采购计划和批准手续等。

2. 清查外埠存款使用的合规性。按规定,采购专户存款,除采购员所需差旅费可支取少量现金外,采购物资一律通过银行的采购专户转账结算。审查时要注意是否符合规定，支付的物资价款和运杂费有无不正当的开支。重点要对其原始凭证的真实性、合法性进行清查。

3. 清查款项结算的及时性。清查时要注意开户的时间和结束的时间。清查物资价款是否能及时结算，采购业务结束后是否及时将外埠存款余额转入结算户存款，有无长期占用或转移资金进行非法活动。

二、银行汇票存款的清查

银行汇票存款是企业为取得银行汇票，按照规定存入银行的款项。

银行汇票清查要点如下：

1. 办理银行汇票的手续是否完备。要查明企业办理此项存款时，是否向银行提交了“银行汇票委托书”，是否已取得相应金额的汇票，并按规定进行了账务处理。

2. 清查汇票使用是否符合规定用途。查阅材料采购有关原始单据，检查银行汇票是否与银行汇票委托书所载明的用途一致。

3. 清查银行汇票业务账务处理的正确性。查阅材料采购、银行存款、银行汇票存款等账户，检查其账务处理的正确性。清查时要注意多余款项或超过付款期限的银行汇票，是否及时办理转账收回。

三、银行本票存款的清查

银行本票存款是企业为了取得银行本票，按规定存入银行的款项。银行本票在同城范围内使用，企业的商品交易和劳务供应以及其他款项的结算都可使用。银行本票存款的清查内容与银行汇票存款的清查内容基本相同。清查时，可以从签发银行本票手续的齐备性、银行本票使用的合规性以及银行本票业务账务处理的正确性等方面进行。

四、信用证存款的清查

信用证存款是指采用信用证结算方式的企业为开具信用证而存入银行信用证保证金专户的款项。信用证存款只有外贸企业和对外经济合作企业有此项存款。

信用证存款清查要点如下：

1. 清查开立信用证账户的合法性。采用信用证结算方式的双方事先必须签订购销合同。应清查信用证委托填写的付款业务与合同是否一致。是否符合银行结算制度。

2. 清查信用证存款的账面余额是否与银行对账单经调整后的余额相符，以确认其存在性。

3. 清查信用证存款专户余额，在结算完毕后，能否及时收回余额转入银行存款账户。

五、在途货币资金的清查

在途货币资金是指企业同所属单位之间和上下级之间的汇解款项，在月终时尚未到达，处于在途的资金。

在途货币资金清查要点如下：

1. 清查在途货币资金的核算对象是否正确。在途货币资金只限于与所属单位和上下之间的来往。清查时要注意是否有不属于这些内容而在此核算的，特别要注意是否利用在途货币资金来掩盖不正当的往来款项。

2. 清查月末在途货币资金是否全部入账，账户记录是否准确。

3. 清查在途货币资金下月初是否及时收到，是否及时进行账务处理。

第四节　错账的查找

造成货币资金账实不符的原因是多方面的，错账也是其主要原因之一。

一、错账的主要类型

出纳人员在实际工作中常出现的记账错误主要有以下几个方面：

（一）漏记

所谓漏记就是由于工作疏忽，遗漏了××号记账凭证，没有进行账簿登记，从而发生账簿记录错误，使得日记账账面金额与实际金额不符。

（二）重记

所谓重记就是由于工作疏忽，将××记账凭证重复记账，从而造成日记账与实际金额不符。

（三）错记

错记包括以下四种情况：

1. 错记会计科目。出纳员在登记账簿过程中，由于工作疏忽偶尔会发生串户，也就是误将记账凭证的会计科目记错。例如，将现金付款凭证，误记作银行存款付款凭证或将银行存款付款凭证误记作现金付款凭证。

2. 错记记账方向。出纳员在登记账簿过程中，由于工作疏忽，将同一记账凭证中的收方数字记作付方数字是时常发生的，例如，将现金付款误记现金收款凭证或现金收款凭证误记现金付款凭证。

3. 错用记账墨水，主要表现为应用蓝黑墨水记账，而误用红色墨水记账，由此变成了冲账，或应用红色墨水记账（冲账）而误用了蓝黑色记账。

4. 错记记账金额。主要表现在记账时数字记错、误将数字金额错位或数字颠倒记账等，如个位数字误记十位、佰位或佰位数字错位变成十位，数字邻位颠倒等等。

二、错账的查找方法

在日常的会计核算中，发生差错的现象时有发生。如发现错误，首先要确认错误的金额；其次在确认错在哪一方，是借方还是贷方；第三要根据产生差错的具体情况，分析可能产生差错的原因，然后采取相应的查找方法，以便于缩短查找差错的时间，以少走弯路，节省工作量。查找错误的方法很多，下面介绍出纳人员常用几种查找方法：

（一）差数法

它是指按照错账的差数查找错账的方法。

例如，在记账过程中只登记了会计分录的借方或贷方漏记了另一方，或重记了一方的金额，从而造成试算平衡中借方会计与贷方合计不等。其表现形式是：借方金额遗漏，会使该金额在贷方超出；反之在借方超出。具体做法是将差数在多出方的所记发生额中查找该差数。但如果记账过程中出现多次差错，则该方法可能不适用。

（二）尾数法

对于发生的角、分的差错可以只查找小数部分，以提高差错的效率。

（三）除“2”法

这是指以差数除以“2”来查找错账的方法。当某个借方金额错记入贷方（或相反）时，出现的商即是反向的金额。例如，应记入“现金”日记账的借方 2 000 元误记入贷方，则现金日记账的期末余额小于其总额期末余额 4 000 元，或实际库存现金数大于日记账余额 4 000 元。被“2”除的商 2 000 元即为借、贷方向反向的金额。这种情况下，从所记的贷方发生额中查找商数。反之，从所记的借方发生额中查找商数。如非此类错误，则应另寻差额的原因。

（四）除“9”法

它是指差数除以“9”来查找错账方法。

适用于以下三种情况：

1. 将数字写小。如将 400 元写为 40 元，错误数字小于正确数字 9 倍，查找方法是：以差数除以“9”后得出的商即为写错的数字。上例差数 360 元，除以“9”，商为 40 元即为差数，然后从金额少记方（借方或贷方）去查找记错金额（40 元），再与凭证核对，查出错误。

2. 将数字写大。同上例，将商数乘以“10”得 400 元即为错数，然后从金额多记方，查找错记金额（400 元），再与凭证核对，查出错误。

3. 数字颠倒。如将 78 写成 87，将 96 写成 69，将 36 写 63 等。其差数最小为 1，最大为 8，查找的方法是：将差数除以“9”得出商连续加 11，查到找出颠倒的数字为止。如 78 与 87 的差数为 9，除“9”得 1，连加 11 为 12，23、34、45、56、67、78、89，如果 78 数字的业务，即可能是颠倒的数字。

思考练习题

1. 如何进行现金的清查？“现金盘点报告表”有什么作用？

2. 如何进行银行存款的清查？

3. 如何进行其他货币资金的清查？有哪些清查要点？

4. 某企业××年度6月30日银行存款日记账的余额为56 000元，银行转来对账单的余额为74 000元，经过逐笔核对有如下未达账项：

(1)企业收到销售货款2 000元，已记银行存款增加，银行尚未记增加；

(2)企业支付购买材料款18 000元，已记银行存款减少，银行尚未记减少；

(3)接到甲工厂汇来购货款10 000元，银行已记增加，企业尚未记增加；

(4)银行代企业支付购料款8 000元，银行已记减少，企业尚未记减少；

要求：根据以上资料编制“银行存款余额调节表”。

第七章

票据的管理与风险防范

第一节 票据的管理

一、票据的概念

票据是指出票人依据票据法签发的，约定自己或委托付款人在见票时或指定的日期向收款人或持票人无条件支付一定金额并可转让的有价证券。各国票据立法对票据的种类均采用法定主义，由票据法对票据的种类做出明确的、封闭性的规定，不允许有法律规定以外的票据存在。我国票据法上的票据，分为汇票、本票和支票三种。

二、票据的特点

1. 票据是完全的有价证券。票据权利的产生、行使及处分都以票据的存在为条件，即票据权利不能离开票据而存在，若票据丧失，持票人一般难以行使票据权利。

2. 票据是一种要式证券。票据法律法规严格地规定票据的做成格式和记载事项。不按票据法及相关法规的规定进行票据事项的记载，就会影响票据的效力甚至会导致票据的无效。此外，在票据上所做的一切行为，如出票、背书、承兑、保证、付款、追索等，也必须严格按照票据法的程序和方式进行，否则无效。这就是票据的要式性。

3. 票据是一种无因证券，所谓无因是指只问票据的形式要件，成立否，不问其发生原因。

4. 票据是一种义务证券，即义务人只按照证券上指明的金额和条件履行义务，而不问出票人的原意。

5. 票据是设权证券。票据权利的产生必须首先做成证券。在票据做成之前，票据权利是不存在的。票据权利是随着票据的做成同时发生的。没有票据，就没有票据权利。

6. 票据是流通证券。票据上权利可依背书或交付的方式自由内流通转让，而不需经债务人。一般说来，无记名票据，可依单纯交付而转让；记名票据，须经背书交付才能转让。

三、票据的功能

1. 汇兑功能。汇兑是票据最初的功能，作为异地输送现金和兑换货币的工具，票据可以解决现金支付在空间的保障。

2. 支付功能。票据最简单、最基本的功能就是作为支付手段，代替现金的使用。用票据代替现金支付工具，具有便携、快、安全等优点。在现代经济中，票据支付在货币支付中占有越来越多的比重。

3. 信用功能。票据可作为信用工具，在商业和金融中发挥融资等作用。在商品交易中，票据可作为预付货款或延期付款的工具，发挥商业信用功能；在金融活动中，企业可以通过将尚未到期的票据向银行进行贴现，所取的货币资金，可解决企业一时发生的资金周转困难。票据能发挥银行信用的作用。

4. 结算功能。这是指票据作为货币支付的手段，可以用它在同城或异地的经济来往中，抵消不同当事人之间相互的收款、欠款或相互的支付关系。通过票据交换，使各方收付相抵，相互冲减债务。票据结算方式比使用现金更便捷、安全、经济。票据结算成为现代经济中银行结算的主要方式。

5. 融资功能。票据的较新功能是融资，即调度资金。这主要通过票据贴现来实现，即以未到期票据向银行售换现金。银行按市场利率，先行扣除取贴现日到到期日的利息，然后以剩余金额付给持票人。银行以贴现方式收下票据，可再向中央银行或其他银行贴现以取得资金，称为“再贴现”。票据贴现，解决了资金流转的困难，使票据持有人的资金从票据权的形式转变为现金形式，从而加速资金周转，促进经济的发展。

四、票据的管理规定

1. 不能伪造、变造票据。

2. 不能故意使用伪造、变造的票据。

3. 不能签发空头支票或者故意签发与其预留的本人签名式样或者印鉴不符的支票。

4. 不能签发无可靠资金来源的汇票、本票，骗取资金。

5. 汇票、本票的出票人在出票时不能作虚假记载，骗取财物。

6. 不能冒用他人的票据，或者故意使用过期或者作废的票据，骗取财物。

7. 付款人不能同出票人、持票人恶意串通，实施前六项所列行为。

有前六项所列行为之一的，依法追究刑事责任。若情节轻微，不构成犯罪的，依照国家有关规定给予行政处罚。

第二节 票据的风险防范

一、票据风险的产生

风险是指损失发生的不确定性。票据作为一种重要的支付凭证，它的基础是信用，票据当事人义务的履行、权利的实现，要有一套管理体系进行保证，否则某一环节的疏漏，就会引发票据当事人利益的损失。因此，票据在使用过程中存在着许多风险。

票据的风险是由许多原因引起的，例如票据的伪造、变造；票据的不当取得，是出于恶意或重大过失取得；票据行为无效或缺陷；以及有关人员工作上的经验不足或能力不够等原因都会造成票据的风险。

(一)票据的伪造

票据的伪造是指假借他人名义而签发票据的行为，例如，伪造出票人签名，伪造他人印章，或盗用他人真正的印章后而签发票据等，都属于票据的伪造行为。票据发生伪造，在流通转让过程中是不易被发现的，只有在票据到期后，经持票人作提示付款时，才易被发现。这样，由于票据的债务人不能及时了解该票据已发生伪造，会使许多人继续接受该票据，成为该票据的直接或间接受害者。在原则上，票据发生伪造后，该票据无效，其损失应由伪造者来承担。但现实生活中，往往伪造票据的人行骗得手以后，便躲藏起来挥霍其骗来的钱财，该票据到期以后，发现伪造，即使抓到伪造人，也会因他把票款已挥霍殆尽而无力弥补持票人的损失。所以，许多国家规定，票据发生伪造后，不影响真正签名的效力。伪造人和被伪造人对该票据虽然可以不负票据责任，但在被伪造的票据上确有真正签名或盖章的人，仍应依票据的有关规定负责。这样，最后承担票据责任的人就要落在第一次进行背书的人，也就是接受伪造的票据的人身上。在这种情况下，若该接受伪造票据的人不能向伪造者追回欠款时，这部分损失便要由接受该票据的人自己承担了。

(二)票据的变造

票据的变造是指未经授权或无权变更票据内容的人，擅自变更票据上依法记载的有效要件的行为。例如，行为人变造票据金额，将 21 万元改为 27 万元；变更票据的到期日，使其付款的日期提前或推后；变更票据所载利率，使其提高或降低等，都属于票据的变造行为。票据发生变造以后会影响到一部分票据关系当事人的利益，从而引起票据风险。

(三)票据行为无效和缺陷

票据权利的缺陷是指持票人对票据享有的所有权有缺陷。票据的持有人以欺诈、胁迫、暴力或恐吓等手段，或以不合法的支付对价，或在票据的流通转让过程中违反诚信原则，或在相当于欺诈的情况下取得票据。这类票据取得和流通的过程中都会损害一部分人的利益，从而也产生了票据风险。

（四）票据的不当取得

当票据的取得是出于恶意或重大过失的情况，则会带来票据风险。“恶意”取得票据，是指票据取得人明知票据转让者（即其前手）并无处分或交付票据的权利，而仍然接受其票据。如甲从乙处窃来一张支票转让给丙，丙明知甲系偷窃得来，仍然接受，则丙为恶意取得。重大过失，是指票据受让人虽不是明知，但如果稍加注意，就可知道票据让与人是没有处分权的。如甲在受让乙盗窃来的支票时，明知乙平时经济拮据，不可能有数额巨大的支票，稍加追究即可知其是不法取得，却不闻不问，这就是重大过失。

随着市场经济的发展，票据已逐步成为社会经济活动中单位和个人进行资金结算的重要的支付工具。但是，许多业务人员对金融知识特别是有关票据流通方面的知识了解不多，容易被不法客商抓住疏于防范、急于成交的心理，许以优厚的条件（如预付货款，对商品规格、质量不提任何要求，不讨价还价甚至以比原价高的价格购买，允诺样品符合其要求，将大批量购买等），从而使工作人员因一时大意而上当，蒙受重大损失。

二、票据风险的防范

在票据的风险防范方面，要注意的事项：

（一）了解客户的资信

贸易成交以前，一定要了解客户的资信，做到心中有数，防患于未然。特别是对那些资信不明的新客户。

（二）鉴别客商提交的票据

对客商提交的票据一定要事先委托银行对外查实，以确保能安全收款。特别对一些大额票据，事先应到专业机构进行鉴别。

（三）货票相符

贸易成交前，买卖双方一定要签署稳妥、平等互利的销售合同。在银行未收妥票款之前，不能过早发货以免货款两空。即使收到资信最好的银行为付款行的支票也并不等于将来一定会收到货款。

（四）严格遵守银行结算规定

单位和个人办理结算，必须严格遵守银行结算办法的规定。不准出租、出借账户；不准签发空头票和远期支票；不准套取银行信用。单位和个人办理结算，由于填写结算凭证有误影响资金使用，票据和印章丢失造成资金损失的，由其自行负责。允许背书转让的票据，因不获付款而遭退票时，持票人可以对出票人、背书人和其他债务人行使追票权，票据的各债务人对持票人负连带责任。单位和个人违反银行结算规定和纪律，银行按有关规定予以经济处罚，情节严重的，应停止其使用有关结算办法，由此造成的后果，由其自行负责。银行办理结算因工作差错，发生延压，影响客户和他户资金使用的，应按存（贷）款的利率计付赔偿金；同违反结算制度规定，发生延误、挪用、截留结算资金，影响客户和他行资金使用的，应按结算金额每天3‰计付赔偿金；因错付或被冒领的，应及时查处，如造成客户资金损失，要负责资金赔偿。邮电部门在传递银行结算凭证和拍发电报中，因工作差错而发生积压、丢失、错投、错拍、漏拍、重拍等，造成结算延误，影响单位、个人和银行资金使用或造成资金损失的，由邮电部门承担责任。

第三节　票据的鉴别

一、发票的鉴别检查

审查发票是经济法律监督的经常性工作。判断发票的真伪是经济法律监督人员必备的业务技能。审查判断发票真伪要有深入细致的精神和高度的责任感，对发票的形式和内容、现象和本质，要认真分析，善于探索问题，辨伪析疑，见微知著。

（一）审查发票的有效性

不同时期有不同的发票版式，发票实行不定期换版制度，如果发现逾期使用旧版发票报销，应查清情况，判断是否存在问题。对发票要看其印制是否清晰，有无错漏，辨明真伪。审查比较同期发票的新旧程度，看是否属于使用早已废弃不用的发票，弄虚作假，拿出来报销。

（二）审查发票的笔迹

看发票台照、日期、品名、数量、单价、大小写金额的字迹、笔体、笔画的精细、压痕是否一致。有无用药剂退色、用橡皮擦、小刀刮等涂改痕迹。

（三）审查发票的复写情况

看复写的字迹颜色是否相同。发票的正面和反面都应仔细看一看，本应一式多份复写的是否符合复写的实际情况。背面有无局部复写的痕迹。发票的第二联如果不是复写的而是用钢笔或圆珠笔填写的，就说明存在问题。

（四）审查发票的填写字迹是否位移

税务机关指定的企业在印制装订发票时，各联次的纵横行列都是对齐的，有固定位置。如果发票各联填写的字迹有不正常的位移，就有可能存在问题。

（五）审查发票的填写内容

看发票报销联的台照、时间、数量、单价、金额是否填写齐全；看发票物品名称是否具体、正确、清楚，如写的类名称——生产用品、办公用品、交电、百货、日杂、土产，且金额较大，对这种情况不论付款是否用转账，都有可能存在问题。

（六）审查物品名称是否为用票单位的经销范围

如家电维修部、加工门市部的发票，物品名称却是煤炭，显然存在问题。

（七）审查发票的填写单位

用票单位同发货单位、收款单位的名称是否相符；发票台照写的购货单位同实际收货单位、付款单位的名称是否相符；同一供货单位，特别是个体工商户，是否使用了不同单位的发票。

（八）审查发票号码

看同一个单位的发票，是否多次在某单位报销，而其发票号码顺序相连，却时间颠倒。

对上述发现的问题，一要调查发票报销后实物的去向，二要调查购货付款单位的发票报销联同开票单位、发货收款单位的发票存根、记账联、转账银行账、实物明细账的物品名称、数量、单价、金额是否相符。调查是否无中生有、偷梁换柱、移花接木、李代桃僵，查明事实真相，是否有违法犯罪存在。

（九）发票真伪检查的一些特殊方法

1. 普通发票真伪鉴别方法：发票监制章是识别发票真伪的重要法定标志。全国统一启用的新版发票“发票监制章”，其形状为椭圆形，上环刻制“全国统一发票监制章”字样，下环刻制“* *税务局监制”字样，中间刻制国税、地税机关所在地的省、市全称或简称，字体为正楷，印色为大红色，紫外线灯下，呈橘黄色荧光反映，套印在发票联的票头正中央。从发票联采用有“SW”字样防伪专用纸等方面识别，用发票防伪鉴别仪器识别防伪油墨看其是否是统一的防伪油墨。这些防伪措施也是识别发票真伪的重要依据。

2. 增值税专用发票真伪鉴别方法：为鉴别增值税专用发票的真伪，首先应了解其防伪措施，然后采取特定的审查方法来鉴别其真伪。对照光线审查增值税专用发票的发票联和抵扣联，看是否使用国家税务总局统一规定带有水印图案的防伪专用纸印制。用紫外线灯、发票鉴别仪鉴别无色和有色荧光防伪标志“SW”。

3. 对照审查发票法：对照审查法将用票单位发票的实际使用情况与《发票购领簿》及发票领用存的情况核对，审查私印发票、丢失发票、转借发票、虚开发票、代开发票、使用作废发票和超经营范围填开发票的问题。

4. 票面逻辑推理法：根据发票各个栏目所列的内容之间、发票与用票单位有关经济业务之间的关系进行分析审核，从中发现问题。发票所列各项内容之间，有其内在的逻辑关系和规律性，如果违背了这些规律，就说明发票存在问题。如增值税专用发票中购销双方的名称与税务登记号有着直接的对应关系；根据销售货物或劳务的名称可以确定适用税率；根据计量单价、数量、单位、金额、税率和税额之间的逻辑关系可以推断金额和税额的计算有无错误等。发票与企业的购销业务有着直接的联系，而购销业务与企业存货数量及货币资金（包括债权、债务）的增减变化有着一定的对应关系，利用这一逻辑关系就可以审查发票使用有无问题。取得发票的金额与存货、费用增加额，货币资金减少额，流动负债增加额呈同步变化趋势；填开发票的金额与存货减少额，货币资金或应收债权增加额呈同步变化趋势。如果企业取得和填开的发票与购销业务之间的关系违背了上述规律，在数量、金额上的逻辑关系不符，就有可能存在问题，需要进一步审查核实。

二、票据的鉴别

(一)汇票的鉴别方法

1. 看用纸。银行汇票和银行承兑汇票第三联为打字纸。银行汇票第二联采用印有出票行行徽水印纸。银行承兑汇票第二联统一采用人民银行行徽水印纸。

2. 看颜色。银行汇票和银行承兑汇票的有色荧光行徽及标记在自然光下颜色鲜红纯正，在紫外线照射下显示鲜明。

3. 看暗记。银行汇票和银行承兑汇票的无色荧光暗记以目视看不见为准，紫外线下图案清晰。

4. 看规格。银行汇票和银行承兑汇票的纸张大小标准，规格为 100mm×175mm。

5. 看填写是否规范。银行汇票和银行承兑汇票的小写金额必须是用压数机压的数；必须有签发行钢印，且钢印的行号与出票行行号相符；出票日期年月日必须是大写；必须有签发行经办人员名单；银行汇票在“多余金额”栏上方有密押数字；银行承兑汇票还须有付款单位的财务专用章及法人名章。

如果发现汇票可疑，应及时送当地银行进行鉴定，当通过鉴定确属假汇票时，应迅速报告当地人民银行及公安部门，以确保国家和个人财产的安全。

在汇票的使用过程中，除了要注意以上所说的之外，还要注意遵循签发、承兑、使用汇票所必须遵守的原则：

(1)使用汇票的单位必须是在银行开立账户的法人；

(2)签发汇票必须以合法的商品交易为基础，禁止签发无商品交易的汇票；

(3)汇票经承兑后，承兑人即付款人负有无条件支付票款的责任；

(4)汇票除向银行贴现外，不准流通转让(注：这规定已被后来的银行结算办法所突破)。

(二)本票的鉴别方法

1. 真本票系采用专用纸张印刷，纸质好，有一定的防伪措施，而假本票只能采用市面上的普通纸张印刷，纸质差，一般比真本票所用纸张薄且软。

2. 印刷真本票的油墨配方是保密的，诈骗分子很难得到，因此，只能相似颜色的油墨印制，这样假本票票面颜色较真本票有一定差异。

3. 真本票号码、字体规范整齐，而有的假本票号码、字体排列不齐，间隔不匀。

4. 由于是非法印刷，假本票上的签字也必然会假冒签字，与银行掌握的预留签字不符。

（三）支票的鉴别方法

1. 印鉴不符支票。每一张支票上面，都有单位财务专用章和财务负责人的印章，并且已经事先在银行留存了，非银行预留印鉴的章，都是无效的。支票盖非银行预留章为无效支票。盖章错误，有的可能是无意的，有的可能就是故意的，甚至用有私刻的章代替的。有的采取按手印的办法都是不对的。

2. 印鉴模糊支票。有的印鉴盖章重影、重叠，印鉴缺角。盖错印章涂销后，另加盖正确印鉴的支票，也可以接受，可以在盖错印鉴上打一个×，另外，印章颠倒的情况，也可以使用。

3. 金额不符。金额是支票必须记载的事项之一，支票的金额用大写、小写两种文字来书写，大小写必须一致，金额一经填写，就不能更改，否则，就是无效支票。

4. 涂改支票。收款单位名称、签发日期、大小写金额以及用途一律不得涂改，否则为无效支票。支票必须用碳素墨水填写，圆珠笔、铅笔均属于不合格支票，但打印支票，是允许的。

5. 远期支票、过期支票、作废支票、空头支票等不能使用。

三、票据造假常见的手段

1. 伪造银行预留印鉴进行诈骗。由于目前银行的前台一般用肉眼分辨印鉴真伪，因此，利用伪造印鉴诈骗是犯罪分子的基本手段。一是用普通技术作案。犯罪分子通过翻拍支票上的印鉴，用手工刻制后加盖在银行票据上，再借他人名义将银行开户单位的存款划出或提走。二是采用电子仿真技术作案。犯罪分子事先获得银行预留印鉴，用电子仿真技术刻制后加盖在银行票据上进行诈骗。

2. 变造、伪造、复制票据或结算凭证进行诈骗。一是变造票据。犯罪分子通过涂改票据金额，将小额票据变造成大额票据，再经过涂改密押或压数机数码，诈骗银行资金后迅速逃离现场。二是伪造票据。银行现有的票据和结算凭证虽然有防伪标记，但具有一般工艺技术的厂家都能印刷。犯罪分子利用这一点，极易伪造出特别难辨真伪的票据，加之银行人员审查票据中的疏忽，使犯罪分子屡屡得手。三是复制票据。犯罪分子采取复制手段，克隆出与银行真票几乎相同的票据进行诈骗。

3. 内外勾结进行诈骗。许多诈骗案都是在内部员工的帮助下形成的，由于教育不够，监督不力，一些员工难以抵御金钱的诱惑，利用职务之便，为犯罪分子提供方便，导致案件发生。

4. 利用公示时间差进行诈骗。按现行法律规定，凡法院受理票据遗失时做出的公示催告，只要在报纸上刊登或法院公告栏上张贴，就视同通知了各银行，实际上银行根本无法得知法院的公示内容。而实事求是地讲，法院不可能将公示催告寄往全国所有银行营业机构，特别是转账支票和银行承兑汇票，由于无法注明受理行或贴现行地点，犯罪分子一方面向当地法院申请挂失止付，另一方面到外地银行解付或背书转让他人，利用时间差作案，给受理行或贴现行造成资金损失。

目前的票据诈骗活动由原来的单人作案，打一枪换一个地方的小范围、小金额的诈骗，逐步向大范围、大金额、有严密组织的系统作案方向发展。同时，由于犯罪分子采用高科技手段，仿真程度十分高，隐蔽性越来越强，依靠临柜人员对票面的审查和一般的书面查询很难辨别真伪。现在诈骗方式迷惑性增大，主要采取的方式：一是"调包"行骗。行骗人为了达到目的，先将事先准备好的真实票据交给对方到银行查询核实，待取得信任后，乘机用假票与真票进行调包；二是伪造证件。通过伪造一系列身份证，公开在一些交易会、贸易洽谈会等场合露面，与售货人签订购货合同，为行骗打下"信誉"基础，在以后的合作中实施诈骗。为此，应采取以下策略加强对票据诈骗的防范：

1. 提高防伪技术。现在银行使用的汇票、支票防伪技术含量低，犯罪分子很容易伪造、变造和复制。有关部门必须下大决心改进和完善银行票据防伪标识，至少要有两处以上肉眼看不到的防伪标识，形态、种类、颜色各不相同，确保一般技术部门不可能印制。同时，要彻底改变用肉眼鉴别真伪的作法，采用电子验票、支付密码、银企联网等现代化技术，识别票据真伪，逐步建立起适应银行票据操作的新的支付控制系统。

2. 改变传统的查询方式。传统的书面查询方式只能对票面要素内容进行查询，对仿真和克隆票难以鉴别；采用电传票据的方式核验票据，被查询行因无法确定查询行真实身份，往往不愿将票据原件传真给对方。今后可采用电子书面查询方式辨别真伪，查询行通过电子联行查询系统发出书面查询书，并要求对方在作书面答复的同时传真原始票据，办理贴现业务必须在查询 24 小时内为客户办理手续，严防诈骗分子打"时间差"套取银行资金。

3. 严格执行规章制度。经办人员必须严格执行规章制度和操作程序，尤其对银行承兑汇票，承兑行必须做到印、押、证三分管，受理行经办人员要认真审核辨别票据真伪，通过"一摸"、"二验"、"六看"有效防范假票。一摸是摸纸质手感；二验紫光灯下是否有荧光反应，验色泽是否纯正；"六看"是一看用章是否正确，二看印模是否清楚，三看要素是否齐全，四看密押是否清晰正确，五看印刷票迹是否异常，六看背书人是否连续。经审查无误后，交信贷部门办理，信贷部门必须审查持票人和其前手之间的增值税发票和商品发运单据，确保票据来源真实，手续齐全才准许申请贴现。

4. 建立网络票据业务咨询系统。随着计算机网络技术在银行业务的广泛应用，数据信息传输安全快捷，银行间要联合建立票据业务咨询系统，并在网上设票据信息库。在完善的支付控制系统支持下，只要受理行在票据信息菜单中输入承兑行的行号、汇票号码、金额，就可以查阅汇票的详细资料，在此基础上受理行核对印鉴，可严防诈骗案件发生。

5. 提高金融诈骗案件刑侦水平。配备熟悉银行业务的专业人员，建立全国金融票据诈骗案件信息库，利用信息技术，扩大信息来源，加大侦破力度，提高破案率和质量。

另外，做好保密工作，严防银行商业秘密外泄也是防范票据诈骗的有效手段。

思考题

1. 票据有哪些功能？
2. 试述什么是伪造、变造票据？
3. 票据哪些行为认为无效和缺陷？
4. 票据如何鉴别？

第八章

银行借款管理与核算

银行借款，是企业根据其生产经营业务的需要，为弥补自有资金不足，而向银行借入的款项，是企业从事生产经营活动资金的重要来源。出纳人员作为向银行借款活动的直接经办人，必须能够根据借款的不同类型了解相关的借款条件，合法而高效地办理借款业务的各项手续，保证本单位的借款能够及时取得，完成相应的账务处理。

第一节　银行借款的种类、条件及当事人

借款单位在向银行申请借款时，应当根据本身的实际需要，合理选择相应的银行借款方式。借款的同时，借款人还应充分考虑到本单位的偿还能力和贷款银行的贷款条件，以保证借款的安全性。

一、银行借款的种类

根据银行在贷款的管理要求和反映经济活动的情况不同，银行借款可以从不同的角度进行划分。一般有以下几种分类方式。

（一）短期借款

短期借款是指借款期限在1年以下（含1年）的各种借款。这类借款一般是临时性的周转借款或为特定目的所借的款项。短期借款具有使用灵活，取得手续相对简便且偿还期限短的特点，借款时取得的成本往往较高且附加信用条件较多，对单位的短期偿款能力要求较高。

（二）长期借款

长期借款是指借款期限在1年（不含1年）以上的各类借款，长期借款一般用于基础设施建设、技术改造、固定资产购置或大修理及其他特殊事项。长期借款的成本较低，弹性空间相对较大，但在借款过程中手续较复杂且限制性条件较多，同时对借贷单位的长期偿债能力要求较高。

二、借款期限和利率

银行和其他金融机构向单位提供贷款，除取得贷款担保外，必须要明确还款期限和借款利率问题。出纳人员应当了解国家法律法规的有关规定，随时掌握借款的动态，以维护借款双方的合法权益。

（一）借款期限

根据《贷款通则》第十一条的规定，借款期限根据借款人的生产经营周期、还款能力和贷款人的资金供给能力由借贷双方共同商议后确定，并在借款合同中载明。

（二）借款展期

借款展期是指借款人在银行借款到期日前，不能按期归还贷款时，向银行或其他金融机构申请延长还款期限的行为，但是否给予借款人展期由贷款人决定。申请保证贷款、抵押贷款、质押贷款展期的，还应当由保证人、抵押人、出质人出具同意的书面证明。已有约定的，按照约定执行。

短期借款展期期限累计不得超过原贷款期限；长期借款展期期限累计不得超过 3 年。国家另有规定者除外。借款人未申请展期或未得到批准，其贷款从到期日翌日起，转入逾期贷款账户。

（三）借款利息

按照《贷款通则》第十三条的规定，贷款人应当按照中国人民银行规定的贷款利率的上下限，确定每笔贷款利率，并在借款合同中载明。

贷款人和借款人应当按借款合同和中国人民银行有关利息规定按期计收或交付利息。

借款的展期期限加上原期限达到新的利率期限档次时，从展期之日起，借款利息按新的期限档次利率计收。逾期贷款按规定计收罚息。

一般而言，金融机构对单位的流动资金贷款和技术改造贷款，按季结息，在季度末月的 20 日为结息日；对不能支付的利息可计收复利。基本建设贷款，按年结息，每年 12 月 20 日为结息日；对不能支付的利息，不计收复利。

三、借款人

向银行申请借款的借款人应当是经工商行政管理机关（或主管机关）核准登记的企事业法人、其他经营个体工商户或具有中华人民共和国国籍的具有完全民事行为能力的自然人。借款人在申请银行借款时，必须具备一定的借款条件，在办理借款的过程中，借款人依法享有规定的权利和承担相应的义务，遵守借款的基本管理规定。出纳员对借款人的权利和义务应当熟悉运用，以便顺利地开展借款工作。

（一）申请借款的条件

按照《借款通则》的规定，借款人申请借款，应当具备产品有市场、生产经营有效益、不挤占挪用信贷资金、恪守信用等基本条件外，还应当符合以下条件：

1. 单位法人必须依法成立，有必要的财产物资和经营费，有固定的经营场所、名称和组织机构，能依法独立承担民事责任，有权对外签订交易合同权力。

2. 除自然人和不需要经工商部门核准登记的事业法人外，应当经过工商部门办理年检手续。

3. 已开立基本账户或一般存款账户。

4. 有按期还本付息的能力，原应付借款利息和到期借款已清偿；没有清偿的，已经做了贷款人认可的偿还计划。

5. 除国务院规定外，有限责任公司和股份有限公司的对外股本权益性投资累计额未超过其净资产总额的50％。

6. 借款人的资产负债率符合贷款人的要求。

7. 申请长期贷款的，新建项目的企业法人所有者权益与项目所需要总投资的比例不低于国家规定的投资项目的资本金比例。

（二）借款人的权利

借款人在办理借款时，依法享有以下权利：

1. 可以自主向主办银行或者其他银行的经办机构申请贷款并依条件取得贷款；

2. 有权按合同约定提取和使用全部贷款；

3. 有权拒绝借款合同以外的附加条件；

4. 有权向贷款人的上级和中国人民银行反映，举报有关情况；

5. 在征得贷款人同意后，有权向第三人转让债务。

（三）借款人的义务

借款人在借款期间，应当按有关法规的要求承担应尽的义务，主要有：

1. 应当如实提供贷款人要求的资料（法律规定不能提供除外），应当向贷款人如实提供所有开户行、账户及存款余额情况，配合贷款人的调查、审查和检查。

2. 应当接受借款人对其使用信贷资金情况和有关生产经营、账务活动的监督，但涉及商业秘密或法律另有规定者除外。

3. 应当按借款合同约定使用贷款。

4. 应当按借款合同约定及时清偿贷款本息。

5. 将债务全部或部分转让给第三人的，应当取得贷款人的同意，未经贷款人同意而擅自转让，不具备法律上的效力。

6. 有危及贷款人债权安全情况时，应当及时通知贷款人，同时采取保全措施。

7. 借款人因撤销、合并、分立等事项的变更，其债务按国家有关法规确定。

8. 不得在一个贷款人同一辖区内的两个或两个以上同级分支机构取得贷款。

9. 不得向贷款人提供虚假的或者隐瞒重要事实的资产负债表、损益表等。

10. 不得用贷款从事股本权益性投资，国家另有规定的除外。

11. 不得用贷款在有价证券、期货等方面从事投机经营。

12. 除依法取得经营房地产资格的借款人以外，不得用贷款经营房地产业务；依法取得经营房地产资格的借款人，不得用贷款从事房地产投机。

13. 不得套取贷款用于借贷牟取非法收入。

14. 不得违反国家外汇管理规定使用外币贷款。

15. 不得采用欺诈手段骗取贷款。

四、贷款人

贷款人是指向有关借款人发放贷款，并约定借款人到期还本付息的金融机构。我国《贷款通则》规定，贷款人必须经中国人民银行批准经营贷款业务，持有中国人民银行颁发的《金融机构法人许可证》或《金融机构营业许可证》，并经工商行政管理部门核准登记。我国目前经营贷款的金融机构有：各商业银行、政策性银行、信托投资公司、城乡信用合作社及外资银行等。

（一）贷款人的权利

贷款人有权根据贷款条件和贷款程序自主审查和决定贷款，除国务院批准的特定贷款外，有权拒绝任何单位和个人强令其发放贷款或者提供担保：有权了解借款人的生产经营活动和财务活动；有权依合同约定从借款账户上划收贷款本金和利息；借款人未能履行价款合同规定义务的，贷款人有权按合同约定要求借款人提前归还贷款或停止支付借款人尚未使用的贷款；在贷款将受或已受损失时，可依据合同规定，采取使贷款免受损失的措施。

（二）贷款人的责任

提供贷款的金融机构应按有关规定切实履行如下义务并承担相应的责任：

1. 应当公布所经营的贷款种类、期限和利率，并为借款人提供咨询。

2. 应当公开贷款审查的资信内容和发放贷款的条件。

3. 应当审议借款人的借款申请，并及时答复贷或不贷。短期贷款答复时间不得超过 1 个月，长期贷款回复不得超过 6 个月；国家另有规定者除外。

4. 应当对借款人的债务、财务、生产、经营情况保密，但对依法查询者除外。

5. 自营贷款和特定贷款，除按中国人民银行规定计收利息之外，不得收取其他任何费用；委托贷款，除按中国人民银行规定计收手续费外，不得收取其他任何费用。

6. 不得给委托人垫付资金，国家另有规定的除外。

第二节　银行借款的日常管理

借款人向银行借款时，应当按其规定的程序严格办理有关手续。一般来说，借款可分为借款申请、银行审批、签订合同、收到借款和归还借款五个步骤。出纳人员除了熟悉借款的程序外，还必须掌握有关的法律法规，了解借贷双方应承担的法律责任，才能使借款业务顺利而圆满地完成。

一、银行借款的申请

借款人需要贷款，应当向主办银行或者其他银行的经办机构直接申请。在申请过程中，借款单位应当首先考虑单位本身的实际需要、借款目的和偿还能力，从而决定借款的金额、期限和方式，这项工作一般是由单位决策层决定的。做出借款决定后，出纳人员即可根据借款计划提供有关的贷款人资料，准备必要的借款资料，然后申请借款。

(一)银行借款申请材料

借款人应当填写包括借款金额、借款用途、偿还能力及还款方式等主要内容的《借款申请书》并提供以下材料：

1. 借款人及保证人基本情况；

2. 财政部门或会计(审计)事务所核准的上年度财务报告，以及申请借款前一期的财务报告；

3. 原有不合理占用的贷款的纠正情况；

4. 抵押物、质押物清单和有处分权人的同意抵押、质押和证明及保证人拟同意保证的有关证明文件；

5. 项目建议书和可行性报告；

6. 贷款人认为需要提供的其他有关资料。

(二)借款合同的签订

借款单位的借款申请经银行审查同意后，借贷双方即可签订借款合同，借款合同是借款方(企业)与贷款方(银行)就确立货币借贷权利和义务关系所签订的协议。当事人在签订借款合同时，必须以国家的法律、法规和计划为准则，遵循平等协商的原则。借款合同依法签订后，即具有法律约束力。借款合同应当约定借款种类，借款用途、金额、利率，借款期限，还款方式，借贷双方的权利、义务，违约责任和双方认为需要约定的其他事项。

保证借款应当由保证人与贷款人签订保证合同，或保证合同上载明与贷款人协商一致的保证条款，加盖保证人的法人公章，并由保证人的法定代表人或其授权代理人签署姓名。抵押贷款、质押贷款应当由抵押人、出质人与贷款人签订抵押合同、质押合同，需要办理登记的，应依法办理登记。

借款合同必须采用书面形式。借款申请书、有关借款的凭证、协议书和当事人双方同意修改借款合同的有关书面资料，也是借款合同的组成部分。借款合同的份数根据实际情况确定。一般情况下，签章各方均应执一份，其中，借贷双方各执一份正本，其他均为副本，并在合同上注明“正本”或“副本”字样。

借贷双方在签订借款合同，明确双方应有的权利和义务时，应当注意如下问题：

1. 合同条款必须完备，必须明确违约责任。

2. 借款的利息不得预先在本金中扣除。利息预先在本金中扣除的，应当按照实际借款数额返还借款并计算利息。

3. 借款人申请借款应具有中国人民银行规定的一定比例的自有资金，并有适销适用的物资和财产作贷款的保证。借款人无力偿还贷款时，贷款人有权要求依照法律程序处理借款人作为贷款保证的物资和财产。

借款人不完全具备规定的申请借款条件，如有特殊情况需要借款时，可以提出申请，但需由符合法定条件的保证人，经贷款人同意，并报经贷款人上级批准后，方可贷款。

4. 对借款人提供担保的借款合同，应及时办理公证，以保证合同的顺利履行。

二、借款合同的执行

借贷双方签订借款合同，明确双方的权利和义务，制订了相应的限制性条款后，贷款人应按合同规定发放贷款，借款人应按合同规定使用并归还贷款，以保证借款合同能够顺利执行。

(一)银行借款的取得和使用

贷款人要按借款合同规定按期发放贷款，贷款人不按合同约定按期发放贷款的，应偿付违约金。借款人不按合同用款的，应偿付违约金。借款人取得银行借款后，按照《贷款通则》的规定：

1. 借款人不得违反法律规定，借兼并、破产或者股份制改造等途径，逃避银行债务，侵吞信贷资金；不得借承包、租赁等途径逃避贷款人的信贷监督以及偿还贷款本息的责任。

2. 贷款人有权参与处于兼并、破产或股份制改造等过程中借款人的债务重组，应当要求借款人落实贷款还本付息事宜。

3. 贷款人应当要求实行承包、租赁经营的借款人，在承包、租赁合同中明确落实原贷款债务的偿还责任。

4. 贷款人对实行股份制改造的借款人，应当要求其重新签订借款合同，明确原贷款债务的清偿责任。

对实行整体股份制改造的借款人，应当明确其所欠贷款债务由改造后公司全部承担；对实行部分股份制改造的借款人，应当要求改造后的股份公司按占用借款人资本金或资产的比例承担原借款人的贷款债务。

5. 贷款人对联营后组成新的企业法人的借款人，应当要求其依据所占用的资本金或资产的比例将贷款债务落实到新的企业法人。

6. 贷款人对合并(兼并)的借款人，应当要求其在合并(兼并)前清偿贷款债务或提供相应的担保。

借款人不清偿贷款债务或未提供相应担保，贷款人应当要求合并（兼并）企业或合并后新成立的企业承担归还原借款人贷款的义务，并与之重新签订有关合同或协议。

7. 借款人用已作为贷款抵押、质押的财产与外商合资（合作）时必须征求贷款人同意。

8. 贷款人对分立的借款人，应当要求其在分立前清偿贷款债务或提供相应的担保。借款人不清偿贷款债务或未提供相应担保，贷款人应当要求分立后的各企业，按照分立时所占资本或资产比例或协议，对原借款人所欠贷款承担清偿责任。

9. 贷款人对产权有偿转让或申请解散的借款人，应当要求其在产权转让或解散前必须落实贷款债务的清偿。

10. 贷款人应当按照有关法律参与借款人破产财产的认定与债权债务的处置，对于破产借款人已设定财产抵押、质押或其他担保的贷款债权，贷款人依法享有优先受偿权，无财产担保的贷款债权按法定程序和比例受偿。

（二）借款合同的变更和解除

根据《借款合同条例》规定，凡发生以下情况之一，允许变更或解除借款合同：

1. 订立借款合同所依据的国家计划及有关的概算，预算经原计划下达机关批准修改或取消的；

2. 工程项目经原批准机关决定撤销、停建或缓建的；

3. 借款人经国家批准决定关闭、停产、合并、分立或转产确实无法履行借款合同的；

4. 由于不可抗力或意外事故，致使借款合同违约、无法履行的，如地震、火灾等；

5. 在借款合同履行中，确因决策不当，继续履行将造成损失浪费的。

当事人一方要求变更或解除借款合同时，应及时通知。变更或解除借款合同的通知协议，必须采用书面形式。协议未达成之前，原借款合同仍然有效。

变更或解除借款合同以后，借款方已占用的借款和应付的利息，应按原借款合同的规定偿付。当事人一方发生合并、分立时，由变更后的当事人承担或分别履行借款合同的义务和享受应有的权利。

三、银行借款的归还

银行应在贷款到期前，向借款人发送还本付息通知书。借款单位收到通知书后，应当及时筹备资金，按照借款合同规定的偿还日期按时足额归还借款本息。借款归还后，出纳人员及时办理有关未尽事宜，原借款合同所规定的担保和其他限制性条款同时终止。

贷款到期后，如果借款人因客观原因不能如期还贷款本息的，应提前向银行申请展期，填写《借款展期申请书》，具体说明展期的理由、申请展期的金额、申请展期的期限，报送贷款银行。银行审查同意后签订《借款展期协议》，将借款期限延长。按照规定，展期只能一次，展期期限不能超过原贷款期限。如贷款到期后借款人无法归还，而银行又不同意展期的，则银行按规定将贷款转入逾期贷款户，按照逾期贷款利率按日计收逾期贷款利息。

第三节 银行借款业务的核算

出纳人员对银行借款业务进行日常核算时，应根据借款的取得、利息的支付及归还借款三项内容按照会计制度的要求，正确地进行会计账务处理，保证真实、完整地反映本单位的银行借款，并及时向经营决策者提供有用的信息。

1. 短期借款的账务处理

对于企业向银行或其他金融机构等借入的期限在一年以下（含一年）的各种借款，应设置"短期借款"账户进行核算。按借款种类、贷款人和币种进行明细核算。借入的各种短期借款，借记"银行存款"科目，贷记"短期借款"科目；归还借款做相反的会计分录。资产负债表日，应按计算的短期借款利息费用，借记"财务费用"科目，贷记"应付利息"、"银行存款"等科目。企业在借款过程中发生的借款手续费等费用，记入"财务费用"。

【例 8-1】 某企业为了解决临时性的生产资金需要，向银行申请偿还期限为 6 个月的流动资金借款，金额为 100 000 元。银行于 2007 年 7 月 1 日批准贷款，协定借款年利率为 6%，款项已划到账户上。企业财务部门应当根据借据，编制会计分录：

借：银行存款　　100 000

　贷：短期借款　　100 000

7 月份应计利息＝100 000×(6%÷12)＝500(元)

借：财务费用　　500

　贷：应付利息　　500

8 月份同上。

9 月 30 日收到银行的计息通知单并实际支付利息时：

借：应付利息　　1 000

　　财务费用　　500

　贷：银行存款　　1 500

2. 长期借款的账务处理

对于企业向银行或其他金融机构等借入的期限在一年以上（不含一年）的各种借款，应设置"长期借款"账户进行核算。按贷款单位和贷款种类，分别"本金"、"利息调整"等进行明细核算。借入长期借款，应按实际收到的金额，借记"银行存款"科目，贷记"长期借款"科目(本金)。如存在差额，还应借记"长期借款"科目(利息调整)。资产负债表日，应按摊余成本和实际利率计算确定的长期借款利息费用，借记"在建工程"、

“制造费用”、“财务费用”、“研发支出”等科目，按合同利率计算确定的应付未付利息，贷记“应付利息”科目，按其差额，贷记“长期借款”科目（利息调整）。实际利率与合同利率差异较小的，也可以采用合同利率计算确定利息费用。支付利息时借记“应付利息”科目，贷记“银行存款”科目。归还的长期借款本金，借记“长期借款”科目（本金），贷记“银行存款”科目。同时，存在利息调整余额的，借记或贷记“在建工程”、“制造费用”、“财务费用”、“研发支出”等科目，贷记或借记“长期借款”科目（利息调整）。

【例 8-2】 某公司 2007 年 1 月 1 日向银行借款 2 000 万元用于建设厂房，偿还期限为 3 年，借款利率为 9%，银行每年 12 月 31 日计息一次，到期一次性还本付息。当天取得借款后，即向承建工程公司支付第一笔工程预付款 100 万元，正式开工建造厂房。厂房于 2009 年 6 月 30 日交付使用，则账务处理如下：

2007 年 1 月 1 日取得借款时：

借：银行存款　　20 000 000

　贷：长期借款——本金　　20 000 000

2007 年 12 月 31 日计算利息时：

应付利息＝20 000 000×9%＝1 800 000（元）

借：在建工程——厂房　　1 800 000

　贷：长期借款——应计利息　　1 800 000

2008 年 12 月 31 日计息处理同上。

2009 年 12 月 31 日计算利息时，应区分予以资本化范围：

应予资本化的借款利息＝20 000 000×9%×6/12＝900 000（元）

计入当期损益的借款利息＝20 000 000×9%×6/12＝900 000（元）

借：在建工程——厂房　　900 000

　　财务费用——利息支出　　900 000

　贷：长期借款——应计利息　　1 800 000

2009 年 12 月 31 日偿还本息，则账务处理如下：

借：长期借款——本金　　20 000 000

　　　　　　——应计利息　　5 400 000

　贷：银行存款　　25 400 000

思考题

1. 试述银行借款的种类？申请借款的条件？
2. 在签订借款合同时应当注意哪些？
3. 银行借款的取得和使用有哪些规定？

第九章

外汇管理与外币业务核算

随着我国对外贸易的不断扩大，企业之间的外汇收支结算业务日益频繁。因此，如何正确地办理本企业的外汇业务就成为出纳人员必须掌握的一项技能。出纳人员对外汇管理主要包括两个方面：一是遵守国家有关外汇的管理法规，依法进行外汇结算；二是根据会计制度的要求和实际情况进行账务处理，在管理中要对有关的法规制度和操作流程加以熟悉和掌握。

第一节　外汇管理

外汇不等于人们常说的外币，它是国际结算业务中的一个重要概念，出纳人员在办理涉外收支结算业务时，必须要掌握外汇的基本常识，才能顺利地完成各项外汇工作。

一、外汇与汇率

根据国务院发布的《外汇管理条例》的规定，外汇指外国货币或者以外国货币表示的可用于国际清偿的支付手段和资产，即一切在国外银行的外币存款，在国外能得以偿付的外币、外币票据、外币支付凭证、股票和债券，以及可以用来清偿国际债务的其他资产，都属于外汇的范畴。具体包括以下内容：

(1)外国货币，包括纸币、铸币。

(2)外币支付凭证，包括外币票据、外币银行存款凭证、外币邮政储蓄凭证等。

(3)外币有价证券，包括外国政府债券、外币公司债券、外币股票等。

(4)特别提款权、欧洲货币单位。

(5)其他外汇资产。

汇率是外汇的价格，是一个国家货币折算成另一个国家货币的比率。要将不同国家间的货币进行折算，就要明确标价方法和汇率种类，才能在外汇结算业务中准确进行外币折算。

我国目前采用直接标价法。直接标价法是以一定单位的外国货币，折算为相应数量的本国货币价格的方法。例如：1美元＝7.275元人民币，即表示用1美元可以兑换到7.275元人民币。在直接标价法下，规定单位的外国货币兑换本国货币的数值增大，称之为外国货币汇率上升，表示外国货币升值，本国货币贬值；反之则表示外国货币汇率下降，本国货币升值，外国货币贬值。

汇率具有时效性强和受环境影响大的特点，我国外汇收支一般均集中在商业银行和政策性单位，它们在收支外汇的过程中实行外汇买卖，以赚取买卖差价，其外汇标价方法可以分为买入汇率、卖出汇率和中间汇率。

买入汇率又称买入价，是指银行向售汇人（包括企业）买入外汇时所标明的汇率。

卖出汇率又称卖出价，是指银行向购汇人（包括企业）卖出外汇时所标明的汇率。

中间汇率是指买入价和卖出价的平均价，等于买价和卖价之和除以2。

例如，××年某日，银行当天的美元买入价为1美元＝7.2元人民币，当天的美元卖出价为1美元＝7.40元人民币，则美元中间价为1美元＝7.30元人民币。对于企业而言，银行买入则是企业的卖出价，银行卖出价则是企业的买入价，切记不可混淆。

二、外汇收入的管理

按照有关规定，我国境内机构的经常项目外汇收入必须调回国内，资本项目外汇收入除国务院另有规定的，也应当调回国内。同时境内机构的外汇收入实行结汇制，企业在对外汇收入进行管理时，要分清收汇项目、结汇项目以及不结汇项目的区别，对不同性质的收入项目进行管理，并按有关规定开立和使用外汇账户，及时办理外汇核销事宜，才能更好地完成外汇结算工作。

（一）实行外汇收入结汇制

按照中国人民银行发布的《结汇、销汇及付汇管理规定》的要求，取得属于下列范围的外汇收入〔第7、8、10条另有对定的除外〕的境内机构（外商投资企业除外），均应按银行挂牌汇率全部结售给外汇指定银行（指经批准允许经营外汇业务的中资、外资、中外合资和外国银行）：

1. 出口或先支后收转口货物及其他交易行为取得的外汇。

2. 境外贷款项下国际招标中标收入的外汇。

3. 海关监管下境内经营免税商品收入的外汇。

4. 交通运输（包括各种运输方式）及港口（包括海港、空港）、邮电（不包括国际汇兑款）、旅游、广告、咨询、展览、寄售、维修等行业及各类代理业务提供商品或服务收入的外汇。

5. 行政、司法机关收入的各项外汇规费、罚没款等。土地使用权、著作权、商标权、专利权、非专利技术、商誉等无形资产转让收入的外汇。

6. 向境外出售房地产及其他资产收入的外汇。

7. 境外投资企业收汇的外汇利润，对外经援项目下收回的外汇和境外资产的外汇收入。

8. 对外索赔收入的外汇、退回的外汇保证金等。

9. 保险机构受理外汇风险所得外汇的收入。

10. 取得《经营外汇业务许可证》的金融机构经营外汇业务的收入。

11. 国外捐赠、资助及援助收入的外汇。

12. 国家外汇管理局规定的其他应结汇的外汇。

（二）结汇项目

按照规定，境内机构的下列外汇，可以向国家外汇管理局及其分支局申请，在外汇指定银行开立凭证后，按照规定办理结汇：

1. 经营境外承包工程，向境外提供劳务、技术合作及其他服务业务的公司，在上述业务项目进行过程中收到的业务往来外汇。

2. 从事代理对外或境外业务机构代收待付的外汇。

3. 暂收待付或暂收待结项目下的外汇：包括境外收入的投标保证金、履约保证金，先收后支的转口贸易收汇，邮电部门办理国际汇兑业务的外汇汇兑款，一类旅行社收取的国外旅游机构预付的外汇，铁路部门办理境外保价运输业务收取的外汇，海关收取的外汇保证金、抵押金等。

4. 保险机构受理外汇保险，需向外分保以及尚未结算的保费。

上述各项外汇，根据会计制度按期结算实现的收入，应全部结售给外汇指定银行。

（三）不结汇项目

境内机构在取得外汇局核算的开户凭证后，在外汇指定银行开立外汇账户，属于下列范围内的外汇可以保留而不结汇：

1. 外商投资企业的外汇。

2. 外国驻华使领馆、国际组织及其他境外法人驻华机构的外汇。

3. 国家批准专项用于偿还境内外外汇债务并经过外汇局审核的外汇。

4. 境外法人或自然人作为投资汇入的外汇。

5. 境外借款、发行外币债券、股票取得的外汇。

6. 捐赠、资助及援助合同规定用于境外支付的外汇经外汇局批准后可以保留。

7. 外国居民个人及来华个人的外汇。

（四）外汇收入申报制度

按照《出口收汇核销管理办法的规定》，境内机构在一切出口贸易方式下的收回事宜，都要按要求进行收入申报，以便于国家对外汇管理进行宏观调控，其具体步骤如下：

1. 出口单位应到当地外汇管理部门申领经外汇管理部门加盖“监督收汇”章的核销单。在货物报关时，出口单位必须向海关出示有关核销单，凭有核销单编号的报关单办理报关手续，否则海关不予受理报关。货物报关后，海关在核销单和有核销单编号的报关单上加盖“放行”章。

2. 出口单位填写核销单后因故未能出口的，出口单位须向外汇管理部门办理核销单注销手续。

3. 出口单位报关后，必须及时将有关报关单、汇票副本、发票和核销单存根送当地外汇管理部门以备核销。

4. 出口单位在向受托行交单时，受托行必须凭盖有“放行”章的核销单受理有关出口单据。凡没有附核销单的出口单据，受托行不得受理。出口单位无论自营出口或委托代理出口，在报关时都必须使用自己的核销单。代理报关单位在为出口单位办完报关手续后，必须及时将核销单和有关报关单退还委托人。

5. 出口单位用完核销单后，可向当地外汇管理部门核领新的核销单。

6. 出口单位的一切出口货款，必须在下列最迟收款日期内结汇或收账：

(1)即期信用证核即期托收项下的贷款，必须从寄单之日起，港澳和近洋地区 20 天内、远洋地区 30 天内结汇或收账；

(2)远期信用证和远期托收项下的贷款，必须从汇票规定的付款日起港澳地区 30 天内、远洋地区 40 天内结汇或收款。

(3)寄售项下的贷款，出口单位必须在核销单存根上填写最迟收款日期，最迟收款日期不得超过自报关之日起 360 天。

(4)寄售以外的自寄单据(指不通过银行交单索汇)项下的出口货款，出口单位必须在自报关之日起 50 个工作日内结汇或收账。

7. 出口单位不论采用何种方式收汇，必须在最迟收款日期后的 30 个工作日内，凭解付行签章的核销单、结汇水单或收账通知以及有关证明文件到当地外汇管理部门办理出口收汇核销手续。

8. 逾期未收汇的，出口单位必须及时向外汇管理部门以书面形式申报原因，由外汇管理部门视情况处理。

三、外汇支付的管理

外汇支付业务涉及很多外汇管理规定，出纳人员在付汇操作过程中，要注意掌握外汇账户付汇制度、银行售汇制度和贸易进口付汇核销制度的有关内容，做到依法付汇，避免外汇风险。

(一)外汇账户付汇制度

我国境内机构设立了外汇账户的，都要遵守外汇账户付汇的有关规定，办理外汇支付事宜，其主要规定有：

1. 所有对外支付，有外汇支付的，且支付用途符合外汇账户使用范围的，首先使用外汇账户余额；外汇账户使用范围以外的付汇及没有外汇账户或账户余额不足时，方可购汇。

2. 从外汇账户对外支付的，开户银行应根据规定的外汇账户收支范围进行审核，并按相应的用汇规定对其持有的有效凭证进行审核、办理支付。

3. 购汇支付和从外汇账户支付的，均须在有关结算方式或合同规定的日期办理，不得提前对外支付；需提前偿还境外债务本息的，经外汇局批准后方可购汇交对方支付。

4. 为使有远期支付合同或偿还协议的用汇单位避免汇率风险，外汇指定银行可按有关规定为其办理人民币与外币的远期买卖及其他保值业务。

（二）银行售汇制度

涉及企业按规定可以向外汇指定银行购汇支付，银行根据外汇的不同用途采用相应的售汇措施，其兑付项目主要有以外几种：

1. 先核查后兑付的项目。境内机构下列贸易及非贸易经营性对外支付用汇，持与支付方式相应的有效商业单据和所列有限凭证从其外汇账户中支付或者到外汇指定银行兑付：

①用跟单信用证（保函方式）结算的贸易进口，如需在开证明时购汇，持进货合同、进口付汇核销单、开证申请书；如需在付汇时购汇，还应当提供信用证结算方式要求的有效商业单据。核销时必须凭正本进口货物报关单办理。

②用跟单托收方式结算的贸易进口，持进口合同、进口付汇核算单、进口付汇通知书及跟单托收结算方式要求的有效商业单据。核销时必须凭正本进口货物报关单办理。

③用汇款方式结算的贸易进口，持进口合同、进口付汇核销单、发票、正本进口货物报关单、正本运输单据，若提单上的“提货人”和报关单上的“经营单位”与进口合同中列明的买方名称不一致，还应当提供两者间的代理协议。

④进口项下不超过合同总金额的15%或者虽然超过15%但未超过等值10万美元的预付货款，持进口合同、进口付汇核销单。

上述①—④项下进口，实行进口配额管理或者特定产品进口管理的货物，还应当提供有关部门签发的许可证或者进口证明；进口实行自动登记的货物，还应当提供填好的登记表格。

⑤进口项下的运输费、保险费，持进口合同、正本运输费收据和保险费收据。

⑥出口项下不超过合同总金额2%的暗佣（暗扣）和5%的明佣（明扣）或者虽超过上述比例但未超过等值1万美元的佣金，持出口合同或者佣金协议、结汇水单或者收账通知；出口项下的运输费、保险费。持出口合同、正本运输费收据和保险费收据。

⑦进口项下的尾款，持进口合同、进口付汇核销单、验货合格证明。

⑧进出口项下的资料费、技术费、信息费等从属费用，持进口合同或者出口合同、进口付款核销单或者出口收汇核销单、发票或者收费单据及进口或者出口单位负责人

签字的说明书。

⑨从保税区购买商品以及购买外国人境展览展品的用汇，持①—⑧项规定的有效凭证商业单据。

⑩专利权、著作权、商标、计算机软件等无形资产的进口，持进口合同或协议。

⑪出口项下对外退款外汇，持结汇水单或者收账通知、索赔协议、理赔证明和已冲减出口收汇核销的证明。

⑫境外承包工程所需的投标保证金持投标文件，履约保证金及垫付工程款项合同。

2. 先售汇后核查的项目。境内竞购下列贸易及非贸易经营性对外支付外汇，指定银行凭用户提出的支付清单先购汇，事后核查：

(1)进料加工生产出口商品的进口，持外经贸部门批准的进料加工合同。

(2)经国务院批准的免税品公司按规定范围经营免税商品的进口支付。

(3)民航、海运、铁道部门(机构)支付境外国际联运费、设备维修费、站场港口使用费、燃料供应费、保险费、非融资性租赁及其他服务费用。

(4)民航、海运、铁道部门(机构)支付国际营运人员伙食、津贴补助。

(5)邮电部门支付国际邮政、电信业务费用。

3. 外汇局审核兑付的项目。境内机构下列贸易及非贸易经营性对外支付，由外汇局审核其真实性后，持外汇局核发的凭证通知单到外汇指定银行购汇：

(1)超过规定比例和金额的预付货款、佣金。

(2)转口贸易项下先支后收发生的对外支付：

①超过等值1万美元的现钞提款；

②偿还外债利息

4. 资本融资用汇项目。境内机构资本融资项下的下列用汇，持所列有效凭证向外汇局申报，凭外汇局的核准文件的外汇指定银行购汇兑付：

(1)偿还外债和外汇(转)贷款本息、费用，持《外债登记证》或《外汇(转)贷款登记证》、借款合同及债权机构还本付息通知单。

(2)境外外汇担保履约用汇，持担保合同、外汇局核发的《外汇担保登记证》及境外机构支付通知。

(3)境外投资资金的汇出，持项目审批部门的批准文件和投资合同。

(4)外商投资企业的中方投资者经批准需以外汇投入的注册资金，持项目审批部门的审批文件和合同。

5. 预算单位的非贸易非经营性用汇项目。

财政预算内的机关、事业单位和社会团体的非贸易非经营性用汇，实行人民币预算限额控制购汇，购汇人民币限额由财政部门统一核定，中国银行(含分支机构)根据限额为用汇单位建立账户并监督执行，年终账户余额由银行自动注销，各用汇单位需用汇时，凭“非贸易用汇支出申请书”和人民币支票在核定的限额内到中国银行按当天外汇牌价购汇，经中国银行核对无误后售汇，同时销减用汇单位账户内的购汇人民币限额。用汇单位不得超限额购汇，中国银行不得超限额售汇。

6. 预算外单位非经营性用汇项目。财政预算外的境内竞购下列非经营性用汇，可持外汇局核发的售汇通知书单到外汇指定银行兑付：

(1)在境外举办展览、招商、培训及拍摄影视等用汇，持合同、境外机构支付通知书及主管部门的批准文件。

(2)对外宣传费、对外援助费、对外捐赠外汇、国际组织会费、参加国际会议的注册费、报名费、持主管部门的批准文件及有关函件。

(3)在境外设立代表处或办事机构的开办费和经费，持主管部门批准设立该机构的批准文件和经费预算书。

(4)在国家教委国外考试协调中心支付境外的考试费，持对外合同和对外考试机构的账单或者结算通知书。

(5)在境外办理商标、版权注册、申请专利和法律咨询服务等所属专项用汇，持合同及相关发票。

(6)因公出国费用，持国家有关部门的出国任务批件。

(7)其他非经营性用汇，持外汇局的批文。

(三)进口付汇核销制度

按照《贸易出口付汇核销监管暂行办法》的规定，进口单位应按照下列程序办理进口付汇核销事宜：

1. 进口单位办理付汇，应当按规定如实填写核销单(一式三联)，属于货到汇款的还应当填写有关“进口货物报关单”编号和报关币种金额，将核销单连同其他付款凭证一并送外汇指定银行审核。

2. 外汇指定银行自行办理付汇手续后，应当将核销单第一联按货到汇款和其他结算方式分类，分别装订成册并按周向进口单位所在地外汇局报送；将第三联退进口单位，第三联与其他付款凭证一并留存 5 年备查。

3. 外汇指定银行对凭备案表付汇的，应当将备案表第一联与核销单第三联一并留存备查；将第二联与核销单第二联退进口单位留存；将第三联与核销单第一联报送本银行所在地外汇局。

4. 进口单位应当按月将核销表及所附核销凭证报外汇局审查；外汇局应当在有关货物进口报关后一个月内办理核销报审手续。

5. 在办理核销报审时，对已到货的，进口单位应当将正本进口货物报关单等核销凭证附在相应核销单后(凭备案表付汇的还应当将备案表附在有关核销单后)，并如实填写“贸易进口付汇到货核销表”；对未到货的，填写“贸易进口付汇未到货核销表”。

6. 外汇局审查进口单位报关的核销表及所附凭证后，应当在核销表的所附的各张报关单上加盖“已报审”章，留存核销表第一联，将第二联与所附凭证退进口单位。进口单位应当将核销表及所附凭证保存5年备查。

四、外汇管理的处罚

由于国家对外汇有着严格的控制，凡涉及外汇业务的企业都必须按有关法规制度执行，否则就会受到法律的处罚和制裁。作为出纳人员必须要熟悉了解的有关外汇处罚的规定。

(一)逃汇行为

有下列逃汇行为之一的，由外汇管理机关责令限期调回外汇，强制收兑，并处逃汇金额30%以上5倍以下的罚款；构成犯罪的，依法追究刑事责任。

1. 违反国家规定，擅自将外汇存放在境外的。

2. 不按照国家规定将外汇卖给外汇指定银行的。

3. 违反国家规定将外汇汇出或携带出境的。

4. 未经外汇管理机关批准，擅自将外币存款凭证、外币有价证券携带或者邮寄出境的。

5. 其他逃汇行为。

(二)非法套汇行为

有下列非法套汇行为之一的，由外汇管理机关给予警告，强制收兑，并处非法套汇金额30%以上3倍以下的罚款；构成犯罪的，依法追究刑事责任。

1. 违反国家规定，以人民币支付或者以实物偿付应当以外汇支付的进口货款或者其他类似支出的。

2. 以人民币为他人支付在境内的费用，由对方付给外汇的。

3. 已经外汇管理机关批准，境外投资者以人民币或者境内所购物资在境内进行投资的。

4. 以虚假或者无效的凭证、合同、单据等向外汇指定银行骗购外汇的。

5. 非法套汇的其他行为。

(三)擅自经营外汇的行为

未经外汇管理机关批准，擅自经营外汇业务的，由外汇管理机关没收违法所得，并予以取缔；构成犯罪的，依法追究刑事责任。

经营外汇业务的金融机构擅自超出批准的范围经营外汇业务的，由外汇管理机关责令改正，有违法所得的，没收违法所得，并处违法所得1倍以上5倍以下的罚款；没有违法所得的，处10万元以上50万元以下的罚款；情节严重或者逾期不改正的，由外汇管理机关责令整顿或者吊销经营外汇业务许可证；构成犯罪的，依法追究刑事责任。

(四)违反外债管理的行为

境内机构有下列违反外债管理行为之一的，由外汇管理机关给予警告，通报批评，并处10万元以上50万元以下的罚款；构成犯罪的，依法追究形式责任。

1. 擅自办理对外借款的。

2. 违反国家有关规定，擅自在境外发行外币债券的。

3. 违反国家有关规定，擅自提供对外担保的。

4. 有违反外债管理的其他行为的。

（五）非法使用外汇的行为

境内机构有下列非法使用外汇行为之一的，由外汇管理机关责令改正，强制收兑，没收违法所得，并处违法外汇金额等值以下的罚款；构成犯罪的，依法追究刑事责任。

1. 以外币在境内计价结算的。

2. 擅自以外汇作质押的。

3. 私自改变外汇用途的。

4. 非法使用外汇的其他行为。

（六）其他

1. 私自买卖外汇、变相买卖外汇或者倒买倒卖外汇的，由外汇管理机关给予警告，强制收兑，没收违法所得，并处违法外汇金额30%以上3倍以下的罚款；构成犯罪的，依法追究刑事责任。

2. 境内竞购违反外汇账户管理规定，擅自在境内、境外开立外汇账户的，出借、串用、转让外汇账户的，或者擅自改变外汇账户使用范围的，由外汇管理机关责令改正，撤销外汇账户，通报批评，并处5万元以上30万元以下罚款。

3. 境内竞购违反外汇核销管理规定，伪造、涂改、出借、转让或者重复使用进出口核销凭证的，或者未按规定办理核销手续的，由外汇管理机关给予警告，通报批评，没收违法所得，并处5万元以上30万元以下的罚款；构成犯罪的，依法追究刑事责任。

第二节　外币业务核算

外币业务核算是指企业发生的商品进出口贸易及提供对外劳务服务、接受国外劳务服务、外币借贷业务、外币投资业务以及由此产生的以外币结算的各种保险、运输、管理咨询，以及发生的外币远期合同套期保值等业务的核算工作。出纳人员需要了解的主要是：外币兑换、外币借款时外币金额折算以及期末（资产负债表日）汇兑损益的计算及其处理等的账务核算。

一、记账本位币

记账本位币是指会计主体用来记录经济业务、反映财务成果、编制会计报表采用的货币。在一般情况下，企业采用的记账本位币都是企业所在国使用的货币，记账本位币是与外币相对而言的，凡是记账本位币以外的货币都是外币。《会计法》第十二条规定:“会计核算以人民币为记账本位币。业务收支以人民币以外的货币为主的单位,可以选定其中一种货币作为记账本位币,但是编报的财务会计报告应当折算为人民币”。

二、外币业务的记账方法

外币业务的记账方法按其对记账币别选择不同,分为外币统账制和外币分账制两种方法。

外币统账制,又称记账本位币法,是指企业必须将发生的外币业务按照选定的汇率统一折算为记账本位币登记入账,并以此编制财务报表。外币业务在初始确认时,可以采用外币交易发生日的即期汇率将外币金额折算为记账本位币金额;也可以采用按照系统合理的方法确定的、与交易发生日即期汇率近似的汇率折算。为客观反映外币业务的实际发生额,通常采用复币式记账方法,即在登记记账本位币金额的同时,也登记相应的外币金额(复币式账户参见表 9-1)。

表 9-1 银行存款(美元户) 单位:元

日期	摘要	借方			贷方			余额(借方)		
		原币	汇率	人民币	原币	汇率	人民币	原币	汇率	人民币

采用外币统账制记录外币业务时,平时除外币兑换业务外,不确认汇兑损益,但月份(或季度、年度)终了时,应当按照资产负债表日即期汇率,将各外币货币性项目的外币期末余额调整折算为记账本位币的金额;该项目因当日即期汇率与初始入账时或前一资产负债表日即期汇率不同而产生的差额,确认为本期发生的汇兑损益,进行相应的账务处理。

外币分账制,是指企业对外币业务在日常核算时按照外币原币进行记账,并区别不同的外币币种分别核算其所实现的损益,编制各种货币币种的财务报表,资产负债表日再按照当日即期汇率一次性地将外币财务报表折算为记账本位币表示的报表,并与记账本位币业务编制的财务表汇总形成整个企业一定会计期间的财务报表。

目前,我国绝大部分企业采用外币统账制方法核算其外币业务。本章外币业务核算处理也采用了外币统账制方法。外币分账制一般只在外币交易频繁、外币币种较多的银行等少数金融企业使用。

三、外币核算的账户设置

涉外企业在核算外币业务时,应当根据实际情况设置相应的外币账户,包括外币现金、外币银行存款、以外币结算的债券(如应收票据、应收账款、预付账款等)和债券(如短期借款、应付票据、应付账款、预收账款、应付工资、长期借款等)。外币账户应当与非外币的各个相同的账户分别设置,并分别核算。

1."库存现金——××外币"账户的设置

有外币现金的企业,出纳人员应当分别对人民币和各种外币设置"库存现金日记账"进行明细核算,按外币业务核算的原则进行会计处理,保证出纳信息的真实性和及时性。

2."银行存款——××外币"账户的设置

有外币存款的企业,应当分别对人民币和各种外币设置"银行存款日记账"进行明细核算,对于按期末汇率折合的人民币金额与原账面人民币金额之间的差额,作为汇兑损益,分情况处理:

(1)筹建开办期间发生的汇兑损益,计入长期待摊费用,并在生产经营的当月起,一次计入开始生产经营当月的损益。

(2)与购建固定资产有关的外币专门借款产生的汇兑损益,按借款费用的处理原则处理。

(3)除上述情况外,汇兑损益均计入当期财务费用。

3."财务费用——汇兑损益"账户的设置

为了准确地核算企业的汇兑损益,应设置"汇兑损益"账户,该账户属于损益类账户,贷方登记本期汇兑收益数额,借方登记汇兑损失数额;余额在借方则表示汇兑损失的净额,在贷方则表示为汇兑收益的净额。期末应将"汇兑损益"账户余额结转至"本年利润"账户,结转后"财务费用——汇兑损益"账户无余额。

第三节　主要外币业务的处理

(一)外币兑换业务

外币兑换业务是指企业从银行等金融机构购入外币(对于银行来说,则是卖出外币)或向银行等金融机构卖出外币(对于银行来说,则是买入外币)。

企业卖出外币时,一方面将实际收到的记账本位币(按照外币买入价折算的记账本位币金额)登记入账;另一方面将卖出的外币实际收到的记账本位币金额,与付出的外币按照当日市场汇率(或当期期初市场汇率,下同)折算为记账本位币之间的差额,作为汇兑损益。

【例 9-1】 某公司的外汇业务采用发生时的市场汇率折算。××年 10 月 5 日将收到的 10 000 美元到外汇指定银行兑换成人民币,当天的银行美元买入价为 1 美元=7.24 元人民币,当天的市场汇率为 1 美元=7.34 元人民币。则该笔业务的账务处理如下:

借：银行存款（人民币户）（10 000×7.24）　　72 400

财务费用——汇兑损益　　1 000

贷：银行存款（美元户）（10 000USD）

（10 000×7.34）　　73 400

企业买入外币时，要按外币卖出价折算应向银行支付的记账本位币，并记录所支付的金额；另一方面按照当日的市场汇率将买入的外币折算为记账本位币，并登记入账；同时按照买入的外币金额登记相应的外币账户。实际付出的记账本位币金额与收取的外币按照当日市场汇率折算为记账本位币金额之间的差额，作为当期汇兑损益。

【例 9-2】 某公司的外汇业务采用发生时的市场汇率折算。××年 10 月 8 日因外汇支付需要，从外汇指定银行购入 20 000 美元，当天银行美元买出价为 1 美元＝7.35 元人民币，当天的市场汇率为 1 美元＝7.25 元人民币。则该笔业务的账务处理如下

借：银行存款（美元户）（20 000USD）

（20 000×7.35）　　147 000

贷：银行存款（人民币户）（10 000×7.25）　　145 000

财务费用——汇兑损益　　2 000

（二）外币借款业务

企业借入外币时，按照借入外币时的市场汇率折算为记账本位币入账，同时按照借入外币的金额登记相关的外币账户。

【例 9-3】 某公司外币业务采用发生时的市场汇率折算。本月从中国银行借入美元 100 000 元，期限为六个月，借入的外币暂存银行，借入时的市场汇率为 1 美元＝7.25 元人民币。则该笔业务的账务处理如下：

借：银行存款——美元户（100 000 美元）

（100 000×7.25）　725 000

贷：短期借款——美元户（100 000 美元）　　725 000

假设该借款年利率为 6%，每月支付利息一次。第一个月付息时市场汇率为 1 美元＝7.15 元人民币，则账务处理如下：

应付利息＝100 000×6%÷12＝500（美元）

借：财务费用　　3 575

贷：银行存款——美元户（500 美元）

（500×7.15）　　3 575

【例 9-4】 6 个月后公司按期向中国银行归还借入的美元 100 000 元。归还时的市场汇率为 1 美元＝7.16 元人民。则该笔业务的账务处理如下：

借：短期借款——美元户（100 000 美元）

（100 000×7.16）　716 000

贷:银行存款——美元户(100 000 美元)　　　716 000

(三)资产负债表日调整业务

资产负债表日,企业对于外币货币性资产、负债项目,采用资产负债表日即期汇率对有关外币账户余额进行登记折算,因结算或采用资产负债表日即期汇率与初始确认时或者前一资产负债表日即期汇率不同而产生的汇兑差额,应确认为汇兑损益,同时调增或调减外币项目的账本位币金额。汇兑损益计算公式如下:

外币货币性资产类账户:

账面外币借方余额×期末即期汇率－账面记账本位币借方余额＝期末汇兑损益(正数为收益,负数为损失)

外币货币性负债类账户:

账面记账本位币贷方余额－账面外币贷方余额×期末即期汇率＝期末汇兑损益(正数为收益,负数为损失)

对于企业资产负债表日发生的汇兑损益应区分不同情况进行处理。对于筹建期间发生的购建固定资产以外的汇兑损益,应当作为开办费用处理。生产经营期间发生的汇兑损益购建固定资产以外的汇兑损益,应当作为财务费用处理。对于与购建固定资产有关的汇兑损益,在资产达到预定可使用状态前按规定应予资本化,计入固定资产的购建成本;在资产已达到预定可使用状态后,则应将其行入当期损益,作财务费用处理。

【例 9-5】 某公司于 2008 年 3 月 31 日编制期末财务报表。资产负债表日的即期汇率为 1 美元＝7.55 元人民币。需按期末即期汇率折算外币账户记账本位币(人民币)余额,并计算汇兑损益。有关外币账户余额折算及汇兑损益计算如表 9-2 所示。

表 9-2　期末汇兑损益计算表

2008 年 3 月 31 日　　　　单位:元

项目	外币账户金额(美元)(1)	期末即期汇率(2)	记账本位币金额(人民币)(3)＝(1)×(2)	调整前账面记账本位币金额(人民币)(4)	汇兑损益(5)＝(3)－(4)资产类(5)＝(4)－(3)负债类
银行存款	300 000	7.55	2 265 000	2 276 000	－11 000
应收账款	750 000	7.55	5 662 500	5 715 000	－52 500
短期借款	100 000	7.55	755 000	760 000	5 000
应付账款	500 000	7.55	3 775 000	3 800 000	25 000
合计					－33 500

依据表内计算结果编制调整分录如下:

借:应付账款——美元户　　　25 000

　　短期借款——美元户　　　5 000

财务费用——汇兑损益　　33 500
贷:银行存款——美元户　　11 000
应收账款——美元户　　52 500

思考题

1. 什么是外汇？它包括哪些内容？
2. 什么是外汇汇率？试述直接标价法。
3. 什么是外汇收入结汇制？
4. 什么是外汇申报制度？
5. 试述进口付汇核销程序。
6. 分述违反外汇管理行为及处罚规定。
7. 什么是记账本位币？
8. 试述外币统账制记账方法。

练习题

五羊进出口公司9月份发生下列有关经济业务(为方便不考虑增值税)

(1)3日销售给美国泰勒公司服装一批,发票金额50 000美元。当日美元汇率中间价为7.27元。

(2)10日向香港九龙公司进口服装一批,发票金额为48 000美元,以外汇存款账户支付。外汇账户的记账汇率和当日市场汇率均为7.27元。

(3)12日银行收妥泰勒公司款50 000美元,送来收讫通知。当日美元汇率的中间价为7.27元。

(4)18日向法国巴黎公司进口服装一批发票金额66 000美元,外汇账户金额不足,向银行购汇10 000美元,当日汇率卖出价为7.28元,购汇后付清全部款项。外汇账户原有金额的记账汇率和市场汇率均为7.27元。

(5)28日银行收妥前售美国芝加哥公司款项78 000美元,送来收讫通知。当日美元汇率中间价为7.27元。

(6)30日因外币存款账户余额已超过限额8 000美元,今将8 000美元向银行办理结汇手续,当日汇率买入价为7.26元。

根据上述经济业务编制会计分录。

附录一

一、企业概况

之江油泵油嘴厂（厂址：之江市解放路，电话：85251622）是浙江省油泵油嘴行业重点专业生产厂，全厂占地面积为16430平方米，注册资本金500万元，正式职工400余人，产品为农机和汽车及工程机械配套的165F、6120等型号的油泵柱塞偶件和4SIA、6120等型号的喷油嘴偶件。全厂设有金工、热锻、油泵、油嘴四个基本生产车间和一个负责全厂机器修理及设备安装的辅助生产车间。行政管理方面设七科一室，即生产计划科、财务会计科、技术科、供应科、销售科、人事保卫科、行政基建科和办公室。

油泵、油嘴是汽车、柴油机和工程机械的重要零部件，它是由柱塞和柱塞套互研配套而成。产品的主要材料是轴承钢，从投料到产品完工的生产周期为40天，加工工艺在不到0.1公斤的轴承钢上进行冲、车、铣、磨、研和热处理等多道工序。现以165F油泵为例，对产品加工工艺流程图示于下：

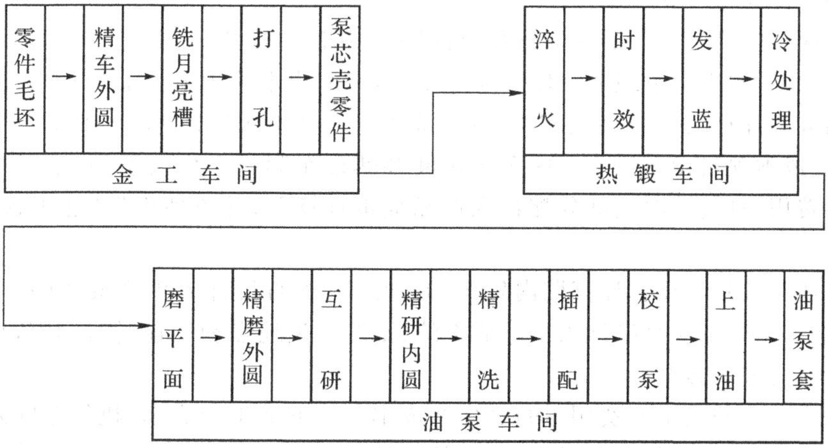

该企业实行厂部一级核算形式，材料会计编制在仓库。财务会计科在厂长直接领导下，建立岗位负责制。全科共五人，其中科长兼会计主管一人，出纳一人，成本会计一人，销售与利润业务一人，往来结算与资金业务一人。

二、有关会计制度和核算办法

企业执行《小企业会计制度》，有关的会计政策和核算办法如下：

(一)流动资产部分

1. 该企业库存现金限额核定为 2 000 元，开户银行设在之江市工商银行，账号为 40234，厂长为沈培良，财务主管为王关清。

2. 年末按应收账款和其他应收款余额的 5‰计提坏账准备金。

3. 材料按实际成本计价。

(1)购入原料及主要材料中的轴承钢逐笔结转，其他材料至月终编制材料收入汇总表一次入账。

(2)发出材料成本除包装物单独结转外，其余材料按全月一次加权平均法计算，于月末编制发料凭证汇总表一次结转。

(3)低值易耗品采用一次摊销法。

(4)为了简化操作，不考虑运费中的内扣增值税问题。

4. 库存商品的收发按实际成本计价核算，采用先进先出法计算。

5. 期末，存货可变现净值没有低于存货的账面价值，因此，企业不需要提取存货跌价准备。

(二)固定资产部分

固定资产采用平均年限法计提折旧，房屋建筑物年折旧率为 3%；机器设备年折旧率为 6%。

(三)产品成本核算部分

产品成本计算实行厂部一级核算，材料为开始时一次投入。该厂按工艺技术过程属于复杂生产，按生产组织方式属于大量生产，但因成本管理上不需计算半成品成本，因而产品成本计算采用“品种法”。“生产成本——基本生产成本”明细账按产品品种设置，并按成本项目设专栏。其中金工车间和热锻车间所发生的费用，平时只按车间归集加工费用，月终一次全部分配计入产品成本计算单，并单独设置“加工费用”成本项目。

产品成本按月计算。计算期内发生的费用，凡能直接计入生产成本的，则直接计入产品生产成本；不能直接计入生产成本的，则按发生地点和用途进行归集，再按生产工人工时进行分配转账。

辅助生产车间发生的费用，均在“生产成本——辅助生产成本(机修车间)”账户进行归集，月终根据提供的劳务量和车间、部门的受益进行分配。

期末在产品成本，按月通过实地盘点，在掌握在产品数量和加工程度的基础上，采用约当产量法计算。

(四)收入确认部分

1. 该企业为一般纳税人,增值税税率为17%,开具普通发票的销售业务发生时,在填制记账凭证时予以调整。纳税登记号:330114010167421。

2. 6120油嘴、4SIA油嘴、165F油泵和6120输油泵的商品销售为企业的主营业务。

(五)税收计算部分

1. 城市维护建设税按增值税、营业税、消费税总额的7%计算,教育费附加按“三税”总额的4%计算,于次月上交税金时一并计算交纳。

2. 所得税税率为25%,每月预缴,年终汇算清缴。

(六)利润分配部分

1. 法定盈余公积按净利润的10%于年末一次提取,不提取任意盈余公积。

2. 应分配给投资者的利润,按本年度可供分配利润的80%计算分配,其依据为各方出资比例,并于年终一次进行。

(七)会计报表编制部分

月终,根据十二月份各账户的发生额和余额及有关资料,分别编制年度资产负债表和利润表。

三、操作程序

为了便于同学们能够比较系统地掌握会计知识和技能,该套学习资料的操作步骤为:

(1)根据有关账户的月初余额,开设有关现金日记账和银行存款日记账;

(2)处理经济业务时,必须将教材中的原始凭证剪下,附于记账凭证之后。在审核原始凭证时,对不符合要求的外来原始凭证,不予报账;属于自制原始凭证,手续不齐全的应予补办,然后报账;

(3)对编制的记账凭证进行审核,经审核无误后,根据记账凭证逐笔登记序时账;

(4)月终,对现金、银行存款日记账进行结账;

(5)将会计凭证和账簿整理好,加具封面,装订成册,归档保管。

四、实习资料

(一)20××年12月1日有关账户的期初余额

现金	1 451.00
银行存款	787 389.84

(二)业务资料

1. 1日,收到临安内燃机厂所付的前欠货款11 900元。

2. 1日,向杭州轴承钢厂购入轴承钢6 000公斤,单价2.50元,货款15 000元,增值税 2 550 元，运费 59 元，货税款及运费以转账支票予以支付，轴承钢已验收入库。

3.2 日，购入办公用品 417.72 元，以现金支付，该办公用品当即由各部门领用。

4.2 日，开出转账支票支付之江电视台广告费 2 300 元。

5.4 日，采购员诸云来报销差旅费 574.50 元，结清原借款 500 元，补付现金 74.50 元。

6.4 日，用电汇结算方式支付给无锡油泵油嘴研究所 50 000 元，用于购买非专利技术（无锡油泵油嘴研究所的开户行：无锡市工行，账号 750628）。

7.4 日，以转账支票予以支付孔林、姚振春第二学年电大学费 1 060 元。

8.4 日，开出现金支票，向银行提取现金 1 000 元。

9.5 日，向市工行借入期限为 10 个月的生产周转贷款 100 000 元，月利率为 6.6‰。

10.5 日，交纳上月增值税 13 672.38 元，营业税 124.52 元，城建税 965.78 元；教育费附加 551.88 元，预交所得税 19 169.82 元，共计 34 484.38 元。

11.5 日，向杭州机床厂购进需安装的横研机一台，价款 15 000 元，增值税 2 550 元，运费 320 元，货税款及运费以转账支票予以支付，横研机已验收入库。

12.7 日，销售给义乌市农机公司 165F 油泵 2 200 套，单价 4.00 元；4SIA 油嘴 2 000套，单价 4.30 元；6120 油嘴 2 200 套，单价 10.00 元，共计货款 39 400 元，增值税 6 698 元，收到银行汇票一份，面额 48 000 元，货物自提（义乌市农机公司地址：义乌市城中路，电话 5525078，开户行：义乌市农行，账号：2550921；纳税登记号：330711010123456）。

13.8 日，以银行存款支付上月的工会经费 1 300 元。

14.9 日，根据工资发放汇总表从银行提取现金 71 452.50 元。

15.9 日，根据工资发放汇总表发放工资，并结算其代扣代垫款。

16.9 日，销售给本市农机公司 165F 油泵 3 000 套，单价 3.90 元，6120 输油泵 1 000套，单价 40.00 元，6120 油嘴 1 500 套，单价 12.00 元，共计货款 69 700 元，增值税 11 849 元，货物自提，收到市农机公司交来的转账支票一份（市农机公司地址：市建国路 38 号，电话：85654341，开户行：市农行，账号：746924，纳税登记号：330714010167589）。

17.12 日，开出信汇凭证预付给湖北十堰第二汽车制造厂购车款 40 000 元（湖北十堰第二汽车制造厂地址：湖北省武汉市，开户行：市工行，账号：770205）。

18.12 日，开出信汇凭证予以支付前欠上海机床公司外圆磨床款 72 000 元（上海机床厂的开户行：市工行虹口区分行，账号：2233038）。

19.15 日，职工郭明预借差旅费 1 000 元，开出现金支票予以支付。

20.16 日，收到临安内燃机厂预付给本企业的货款 20 000 元。

21.16 日，销售给安徽宣城农机公司 165F 油泵 5 000 套，单价 3.80 元，6120 输油泵 400 套，单价 40.00 元，4SIA 油嘴 2 000 套，单价 4.50 元，共计货款 44 000 元，增值税 7 480 元，代垫运费 129 元，以现金支付，并已办妥委托收款手续（安徽宣城农机公司地址：宣城县红军路，电话：7548210，开户行：县农行，账号：75028，纳税登记号：340314809259682）。

22. 16 日，收到福建莆田农机公司所支付的货款 50 000 元。

23. 18 日，开出转账支票予以支付会务费 1 800 元。

24. 19 日，开出现金支票从银行提取现金 800 元。

25. 20 日，接银行通知，支付市邮电局电话费 1 472.40 元。

26. 20 日，销售给临安内燃机厂 6120 输油泵 500 套，单价 40.00 元，共计货款 20 000元，增值税 3 400 元，用现金支付运费 84.50 元，运费由本企业负担（内燃机厂地址：城关镇人民路，电话：87532069，开户行：市工行，账号：862456，纳税登记号：330114060709218）。

27. 20 日，预付给杭州轴承钢厂货款 30 000 元。

28. 21 日，用信汇结算方式支付前欠沈阳北方冲剪机厂货款 35 000 元。

29. 21 日，用转账支票支付明年上半年的财产保险费 16 000 元。

30. 22 日，收到安徽宣城农机公司支付的货税款及运费 51 609 元，存入银行。

31. 25 日，出售报废研磨机的废旧物资 200 元，以现金收讫。

32. 25 日，按银行通知本期利息收入 385.65 元。

33. 25 日，预提本月应负担短期借款利息 1 550 元，并支付本季度短期借款利息共计 3 750 元。

34. 25 日，开出转账支票予以支付明年上半年报纸杂志费 4 500 元。

35. 26 日，按银行通知支付水费 7 000 元，增值税 910 元。

36. 26 日，按银行通知支付电费 12 706.93 元，增值税 2 160.18 元。

37. 26 日，郭明出差去提汽车回来报销差旅费 936.90 元，交回现金 63.10 元。

38. 26 日，销售给福建莆田农机公司 4SIA 油嘴 1 000 套，单价 4.50 元，6120 油嘴 3 000 套，单价 11.00 元，6120 输油泵 200 套，单价 40.00 元，共计货款 45 500 元，增值税 7 735 元。以现金支付运费 224.16 元，并已办妥委托收款手续。（福建莆田农机公司地址：莆田城关，电话：6625760，纳税登记号：350802958070127）。

39. 26 日，销售给之江市滨江区农机公司 4SIA 油嘴 2 000 套，单价 4.40 元，6120 油嘴 1 500 套，单价 12.00 元，165F 油泵 3 000 套，单价 3.80 元，共计贷款 38 200 元，增值税 6 494 元，货物自提，收到之江市滨江区农机公司交来转账支票一份，将其送存银行（之江市滨江区农机公司地址：城中路 32 号，电话：86695321，开户行；市农行，账号：356918，纳税登记号：330114030438294）。

40. 27 日，用银行存款支付职工社会保险基金 8 077.68 元。

41. 27 日，开出转账支票予以支付办公楼的修缮费 10 400 元。

42.27日,以银行存款购入准备随时转让的延中实业股10 000股,买价100 000元,佣金400元,过户费5.00元,印花税500元。

43.29日,销售给某个体户4SIA油嘴200套,单价5.30元(含税,下同),6120油嘴100套,单价15.00元,165F油泵300套,单价5.00元,6120输油泵20套,单价50.00元,开出普通发票共计5 060元,货税款以现金收讫,并当即将现金存入银行。

44.29日,以现金支付有关客户的就餐费368元。

45.29日,开出转账支票予以支付给之江市资产评估事务所(开户行:市建行,账户:756810)资产评估费361.50元。

46.31日,结转并支付长期借款的利息6 352.00元。

47.31日,根据材料收入汇总表结转本企业所购入的其他材料(货税款已付),材料已入库。

五、凭证资料

①

托收凭证（汇款依据或收账通知）

委托日期 20××年11月25日

4

付款期限　年　月　日

业务类型	委托收款（☑邮划、□电划）　　托收承付（□邮划、□电划）					
付款人 全称	临安内燃机厂		收款人 全称	之江油泵油嘴厂		
付款人 账号	862456		收款人 账号	40234		
付款人 地址	浙江省临安市	开户行 市工行	收款人 地址	浙江省之江市	开户行	市工行
金额	人民币（大写）：壹万壹仟玖佰元整			亿千百十万千百十元角分	¥1190000	
款项内容	销货款	托收凭据名称	发票 No. 0208241	附寄单证张数		
商品发运情况			合同名称号码			
备注： 复核　　记账	上列款项已划回收入你方账户内。 收款人开户银行签章 20××年12月1日					

此联付款人开户行凭以汇款或收款人开户银行作收账通知

②$\frac{1}{4}$

浙江增值税专用发票

No. 0208456

发　票　联　　开票日期：20××年11月29日

购货单位	名称：之江油泵油嘴厂 纳税人识别号：330114010167421 地址、电话：之江市解放路 85251622 开户行及账号：市工行 40234				密码区		
货物或应税劳务名称	规格型号	单位	数量	单价	金额	税率	税额
轴承钢		公斤	6000	2.50	15000.00	17%	2550.00
合计					15000.00		2550.00
价税合计（大写）	壹万柒仟伍佰伍拾元整					（小写）¥17550.00	
销货单位	名称：杭州轴承钢厂 纳税人识别号：330113010124385 地址、电话：杭州市秋涛路88038653 开户行及账号：市工行 456692				备注		

收款人：　　复核：　　开票人：李民　　销货单位：（章）

第二联：发票联　购货方记账凭证

②$\frac{2}{4}$

公路、内河货物运输业统一发票　　地　税

发　票　联

发票代码：

开票日期：20××年12月1日　　　　发票号码：002563

机打代码 机打号码 机器编号		税控码			
收货人及纳税人识别号	之江油泵油嘴厂	承运人及纳税人识别号	市运输公司		
发货人及纳税人识别号	杭州轴承钢厂	主管税务机关及代码			
运输项目及金额	轴承钢3件59元	其他项目及金额		备注：（手写无效） 承运人盖章	
运费小计	59.00	其他费用小计			
合计（大写）	伍拾玖元整		（小写）￥59.00		

第二联　发票联　付款方记账凭证

开票人：陈　玲

②$\frac{3}{4}$

存根	
中国工商银行 转账支票存根 $\frac{B}{0}\frac{M}{2}$ 001016 附加信息 出票日期　年　月　日 收款人： 金　额： 用　途： 单位主管　会计	本支票付款期限十天

中国工商银行　转账支票　　$\frac{B}{0}\frac{M}{2}$ 001016

出票日期（大写）　年　月　日　　付款行名称：

收款人：　　出票人账号：

人民币（大写）	亿	千	百	十	万	千	百	十	元	角	分

用途________

上列款项请从

我账户内支付

出票人签章　　复核　　记账

②$\frac{4}{4}$

之江油泵油嘴厂　　材料类别：原材料

物资交仓验收单

供货单位：杭州轴承钢厂

发票号码：NO. 0208456　　20××年12月1日　　交验单第　号

编号	名称及规格	单位	数量	单价	金额	验收数量	计划价格		价格差异	
							单价	总额	增	减
	轴承钢	公斤	6000	2.50	15000.00	6000				
包装、运输、管理及其他					59.00					
合计					¥15059.00					

②财务

记账：　　验收：王平　　采购：陆芳

③$\frac{1}{3}$

浙江省货物销售统一发票

发　票　联

之江　No. 002562

20××年12月2日

购货方	名称	之江油泵油嘴厂	识别号或证件号	
	地址、电话		开户行及账号	

货物名称	规格	单位	数量	单价	金额							
					十	万	千	百	十	元	角	分
办公盒等							¥	1	3	0	0	0

合计人民币（大写）	⊗拾⊗万⊗仟壹佰叁拾零元零角零分　¥130.00

销售方	开户银行		结算方式	现金	备注	
	账号		联系电话			

第二联：发票联

开票人：　　收款人：杨　　开票单位（未盖章无效）：

③ $\frac{2}{3}$

浙江省货物销售统一发票

发　票　联

之江　No. 002563

20××年12月2日

<table>
<tr><td rowspan="2">购货方</td><td>名　称</td><td colspan="3">之江油泵油嘴厂</td><td colspan="2">识别号或证件号</td><td colspan="8"></td></tr>
<tr><td>地址、电话</td><td colspan="3"></td><td colspan="2">开户行及账号</td><td colspan="8"></td></tr>
<tr><td colspan="2" rowspan="2">货　物　名　称</td><td rowspan="2">规　格</td><td rowspan="2">单位</td><td rowspan="2">数　量</td><td rowspan="2">单　价</td><td colspan="9">金　额</td></tr>
<tr><td colspan="2">十</td><td>万</td><td>千</td><td>百</td><td>十</td><td>元</td><td>角</td><td>分</td></tr>
<tr><td colspan="2">玻璃台板等</td><td></td><td></td><td></td><td></td><td colspan="2"></td><td></td><td>¥</td><td>2</td><td>8</td><td>7</td><td>7</td><td>2</td></tr>
<tr><td colspan="2"></td><td></td><td></td><td></td><td></td><td colspan="2"></td><td></td><td></td><td></td><td></td><td></td><td></td><td></td></tr>
<tr><td colspan="2"></td><td></td><td></td><td></td><td></td><td colspan="2"></td><td></td><td></td><td></td><td></td><td></td><td></td><td></td></tr>
<tr><td colspan="2">合　计
人民币（大写）</td><td colspan="13">⊗拾⊗万⊗仟贰佰捌拾柒元柒角贰分　　¥287.72</td></tr>
<tr><td rowspan="2">销售方</td><td>开户银行</td><td></td><td>结算方式</td><td>现金</td><td rowspan="2">备注</td><td colspan="9" rowspan="2"></td></tr>
<tr><td>账　号</td><td></td><td>联系电话</td><td></td></tr>
</table>

第二联：发票联

开票人：　　　收款人：杨　　　开票单位（未盖章无效）：

③ $\frac{3}{3}$

办公用品领用表

20××年12月2日

<table>
<tr><td rowspan="2">领用车间和部门</td><td colspan="5">领　用　数　量</td><td rowspan="2">金　额</td></tr>
<tr><td></td><td></td><td></td><td></td><td></td></tr>
<tr><td>机修车间</td><td rowspan="5"></td><td rowspan="5"></td><td rowspan="5">（略）</td><td rowspan="5"></td><td rowspan="5"></td><td>11.00</td></tr>
<tr><td>金工车间</td><td>11.00</td></tr>
<tr><td>油泵车间</td><td>16.80</td></tr>
<tr><td>油嘴车间</td><td>16.80</td></tr>
<tr><td>厂部管理部门</td><td>362.12</td></tr>
<tr><td>合　计</td><td colspan="5"></td><td>¥417.72</td></tr>
</table>

④$\frac{1}{2}$

中国工商银行 转账支票存根 $\frac{B}{0}\frac{M}{2}$ 001017 附加信息 出票日期 年 月 日 收款人： 金 额： 用 途： 单位主管 会计	本支票付款期限十天	中国工商银行 **转账支票** $\frac{B}{0}\frac{M}{2}$ 001017 出票日期（大写） 年 月 日 付款行名称： 收款人： 出票人账号： 人民币（大写） 亿 千 百 十 万 千 百 十 元 角 分 用途 上列款项请从 我账户内支付 出票人签章 复核 记账

④$\frac{2}{2}$

浙江省之江市广告业专用发票 地 税

发 票 联

发票代码：

发票号码：0242618

本发票限于20××年12月31日前填开使用方为有效。 开票日期：20××年12月2日

第二联：发票联

付款户名	之江油泵油嘴厂			付款方式	转账								备 注
项目摘要及合同号	单 位	数 量		单 价	金 额								
					十	万	千	百	十	元	角	分	
广告费						¥	2	3	0	0	0	0	
合计人民币（大写）	⊗佰⊗拾⊗万贰仟叁佰零拾零元零角零分			¥2300.00									

开票人：朱振 收款人：王林 收款单位（发票专用章）

⑤$\frac{1}{2}$

差旅费报销单

20××年12月4日

出差人姓名：诸云来										
出差事由日期及地点：11月28日至12月1日上海采购电器材料										
报销项目	火车费	汽车费	轮船费	其他车船费	住宿费	住勤费	在途			合计
单据张数					（略）					
报销金额										
人民币（大写）伍佰柒拾肆元伍角整									¥574.50	
原借款¥500.00 除报销上项金额外应补付									¥74.50	

核准：沈培良　　财务主管：王关清 12.4　　报销人：诸云来

⑤$\frac{2}{2}$

浙江省非税收入统一票据

票据编码：

执收单位代码：

No. 7050

执收单位：之江油泵油嘴厂　　20××年12月4日

交款人	诸云来		交款书号码		
收入项目编码	非税收入项目	计量单位	数量	标准	金额
	交回原借款				500.00
合计人民币（大写）伍佰元整					¥500.00
执收单位财务专用章		经手人	赵有城	缴款方式	1. 现金☑ 2. 转账☐
说明					

第三联：记账联（财务）

⑥ $\frac{1}{2}$

之江油泵油嘴厂

汇 款 通 知 单

20××年12月4日

汇入单位	无锡油泵油嘴研究所		
汇入银行	无锡市工行	账　　号	750628
汇款原因：购非专利技术			
金额（大写）伍万元整			¥50000.00
审批人意见：同意　沈培良 12.4		经办人签章：陈　根	

⑥ $\frac{2}{2}$

中国工商银行电汇凭证（回　单）

No. 浙03304400

委托日期　20××年12月4日　　　　1　第　　号

汇款人	全　称	之江油泵油嘴厂			收款人	全　称	无锡油泵油嘴研究所		
	账　号或住址	40234				账　号或住址	750628		
	汇　出地　点	浙江省之江市	汇出行名　称	市工行		汇　出地　点	江苏省无锡市	汇出行名　称	市工行

			千	百	十	万	千	百	十	元	角	分
金额	人民币（大写）	伍万元整			¥	5	0	0	0	0	0	0

汇款用途：购非专利技术　　　　汇出行盖章

此联汇出行给汇款人的回单

单位主管：　　会计：　　复核：　　记账：　　20××年12月4日

⑦$\frac{1}{2}$

浙江省学校教育收费专用票据

票据编码：

执收单位代码： 20××年12月4日 之财 No. 9051

交款人	孔林、姚振春		班级		学号	
收费项目编码	收费项目	标准	数量	金额	代管费	金额
	学费			1060.00		
小计				1060.00	小计	
合计人民币（大写） 壹仟零陆拾元整					¥：1060.00	
执收单位财务专用章		收款人（签名）	赵春		摘要 第二学年电大学费	

第二联：收据联

⑦$\frac{2}{2}$

中国工商银行转账支票存根	中国工商银行 转账支票
$\frac{B}{0}\frac{M}{2}$ 001018	$\frac{B}{0}\frac{M}{2}$ 001018
附加信息	出票日期（大写） 年 月 日 付款行名称：
	收款人： 出票人账号：
	本支票付款期限十天
	人民币（大写） 亿 千 百 十 万 千 百 十 元 角 分
出票日期 年 月 日	用途
收款人：	上列款项请从
金额：	我账户内支付
用途：	出票人签章 复核 记账
单位主管 会计	

⑧

中国工商银行 现金支票存根 B/0 M/2 0001 附加信息 出票日期20××年12月4日 收款人:之江油泵油嘴厂 金　额：壹仟元整 用　途：备用金 单位主管　　会计	本支票付款期限十天	中国工商银行　**现金支票**（浙）　B/0 M/2 0001 出票日期（大写）　年　月　日　付款行名称： 收款人：　出票人账号： 人民币（大写）　亿 千 百 十 万 千 百 十 元 角 分 用途 上列款项请从 我账户内支付 出票人签章　复核　记账

⑨ $\frac{1}{2}$

企业编号	银行编号

中国工商银行之江市工行**借款借据**（回单）

20××年12月5日　⑥

借款单位全称	之江油泵油嘴厂			存款户账号	40234									
贷款种类	生产周转贷款	利率	月6.6‰	贷款户账号	340234									
贷款金额（大　写）	人民币：壹拾万元整				千	百	十	万	千	百	十	元	角	分
						¥	1	0	0	0	0	0	0	0
借款原因或用途	生产周转			约定还款日期	20××年10月5日									
备注：				上列贷款已转入你单位的存款户 银行公章										

此联代存款账户收账通知

⑨$\frac{2}{2}$

中国工商银行之江支行

小型企业借款申请书

编号：　　年　　号第　　页

申请日期：　　　　20××年12月2日　　　　金额单位：万元

<table>
<tr><td>借款人名称</td><td colspan="2">之江油泵油嘴厂</td><td>经营地址</td><td colspan="2"></td></tr>
<tr><td>借款人类型</td><td colspan="5">①国有　②集体　③个体　④合作经营　⑤有限责任公司　⑥其他</td></tr>
<tr><td>营业执照号码</td><td colspan="2" rowspan="5">（略）</td><td>联系电话</td><td colspan="2" rowspan="5">（略）</td></tr>
<tr><td>资产总额</td><td>负债总额</td></tr>
<tr><td>存　货</td><td>注册资本</td></tr>
<tr><td>应收账款</td><td>累计销售（申请日止前12个月）</td></tr>
<tr><td>固定资产净值</td><td>利润（申请日止前12个月）</td></tr>
<tr><td>申请金额（大写）</td><td colspan="2">壹拾万元整</td><td>计划还款日期</td><td colspan="2"></td></tr>
<tr><td>借款用途
及
还款来源</td><td colspan="5">（略）</td></tr>
</table>

<table>
<tr><td rowspan="6">担保状况</td><td rowspan="2">抵押</td><td>抵押人</td><td rowspan="6">（略）</td><td>抵押物地址</td><td colspan="3"></td></tr>
<tr><td>抵押物名称</td><td>抵押物价值</td><td></td><td>抵押期限</td><td></td></tr>
<tr><td rowspan="2">质押</td><td>出质人</td><td>质物名称</td><td colspan="3" rowspan="4">（略）</td></tr>
<tr><td>质押期限</td><td>质物价值</td></tr>
<tr><td rowspan="2">保证</td><td>保证人</td><td>信用等级</td></tr>
<tr><td>保证期限</td><td>保证能力</td></tr>
<tr><td colspan="8">本借款人对上述资料的真实性负责。

借款人签名（盖章）　沈培良</td></tr>
</table>

⑩ $\frac{1}{4}$

中华人民共和国税收通用缴款书

(国)

隶属关系：市属　　　　　　　　　　　　　　　　（021）浙国缴电 № 0974763

注册类型：国有　　填发日期：20××年12月5日　　征收机关：之江市国税局直属分局

缴款单位（人）	代码	330114010167421		预算科目	编码	×××
	全称	之江油泵油嘴厂			名称	××
	开户银行	市工行储税专柜			级次	××
	账号	×××		收款国库		之江市金库
税款所属时期 20××年11月　日				税款限缴日期 20××年12月10日		
品目名称	课税数量	计税金额或销售收入	税率或单位税额	税率或扣除额	实缴金额	
农机配件 汽车配件		（略）	（略）	（略）	9819.22 3853.16	
金额合计（大写）：壹万叁仟陆佰柒拾贰元叁角捌分					¥：13672.38	
缴款单位（人）（盖章）经办人（章）	税务机关（盖章）填票人（章）	上列款项已收妥并划转收款单位账户 国库（银行）盖章　年　月　日		备注：		

无银行收讫章无效

第一联（收据）国库（银行）收款盖章后退缴款单位（人）作完税凭证

逾期不缴按税法规定加收滞纳金

⑩ $\frac{2}{4}$

中国工商银行 转账支票存根	中国工商银行　转账支票
$\frac{B}{0}\frac{M}{2}$ 001019	$\frac{B}{0}\frac{M}{2}$ 001019
附加信息	出票日期（大写）　年　月　日　　付款行名称：
	收款人：　　出票人账号：
出票日期　年　月　日	人民币（大写）　亿 千 百 十 万 千 百 十 元 角 分
收款人：	用途
金　额：	上列款项请从我账户内支付
用　途：	出票人签章　　复核　　记账
单位主管　会计	本支票付款期限十天

⑩ $\frac{3}{4}$

中华人民共和国税收转账专用完税证

地

征收机关：之江市地税局直属分局　　填发日期：20××年12月5日　　（2004）浙地转完 № 0919090

纳税人代码	330114010167421			开户银行	市工行储税专柜		
纳税人名称	之江油泵油嘴厂			账　号	×××		
税　种	品目名称	税款所属时期	课税数量	计税金额或销售收入	税率或单位税额	已缴或扣除额	实缴金额
营业税	使用权转让	20××年11月		2490.44	5%		124.52
城市维护建设税	使用权转让	20××年11月		13796.90	7%		965.78
教育费附加	使用权转让	20××年11月		13796.90	4%		551.88
企业所得税	使用权转让	20××年11月		76679.28	25%		19169.82
金额合计	（大写）　贰万零捌佰壹拾贰元整						¥20812.00
税务机关 （盖章）		收款银行 （盖章）		填票人（章）	备注		

第一联（收据）纳税人作完税凭证

---

⑩ $\frac{4}{4}$

中国工商银行 转账支票存根 $\frac{B}{0}\frac{M}{2}$ 001020 附加信息 ______ ______ ______ 出票日期　年　月　日 收款人： 金　额： 用　途： 单位主管　　会计	本支票付款期限十天	**中国工商银行　转账支票**　$\frac{B}{0}\frac{M}{2}$ 001020 出票日期（大写）　年　月　日　付款行名称： 收款人：　出票人账号： 人民币（大写）　亿 千 百 十 万 千 百 十 元 角 分 用途______ 上列款项请从 我账户内支付 出票人签章　　复核　　记账

⑪ $\frac{1}{4}$

浙江增值税专用发票

No. 004728

发 票 联　　开票日期：20××年12月5日

购货单位	名　　称：之江油泵油嘴厂 纳税人识别号：330114010167421 地址、电话：之江市解放路　85251622 开户行及账号：市工行　40234			密码区			
货物或应税劳务名称	规格型号	单位	数量	单价	金额	税率	税额
横研机		台	1	15000.00	15000.00	17%	2550.00
合计					15000.00		2550.00
价税合计（大写）	壹万柒仟伍佰伍拾元整				（小写）￥：17550.00		
销货单位	名　　称：杭州机床厂 纳税人识别号：3301020742864 地址、电话：杭州市西湖路 85128746 开户行及账号：市工行　765321			备注			

收款人：朱增有　　复核：　　开票人：　　销货单位：（章）

第二联：发票联　购货方记账凭证

⑪ $\frac{2}{4}$

公路、内河货物运输业统一发票

地　税

发 票 联　　发票代码：

开票日期：20××年12月5日　　发票号码：00201

机打代码 机打号码 机器编号		税控码		
收货人及纳税人识别号	之江油泵油嘴厂	承运人及纳税人识别号	杭州市运输公司	
发货人及纳税人识别号	杭州机床厂	主管税务机关及代码		
运输项目及金额	横研机 320.00	其他项目及金额		备注：（手写无效） 承运人盖章
运费小计	320.00	其他费用小计		
合计（大写）	叁佰贰拾元整		（小写）￥320.00	

开票人：方志明

第二联　发票联　付款方记账凭证

⑪ $\frac{3}{4}$

中国工商银行 转账支票存根 $\frac{B}{0}$ $\frac{M}{2}$ 001021 附加信息 出票日期 年 月 日 收款人： 金 额： 用 途： 单位主管 会计	本支票付款期限十天	中国工商银行 **转账支票** $\frac{B}{0}$ $\frac{M}{2}$ 001021 出票日期（大写） 年 月 日 付款行名称： 收款人： 出票人账号： 人民币（大写） 亿 千 百 十 万 千 百 十 元 角 分 用途 上列款项请从 我账户内支付 出票人签章 复核 记账

⑪ $\frac{4}{4}$

之江油泵油嘴厂

供货单位：杭州机床厂 **专项设备验收单**

发标号码：No. 004728 交验单第 号

房屋及设备名称	规 格	单 位	数 量	单 价	进项税额	金 额
横 研 机		台	1	15000.00	2550.00	17550.00
包装、运输、管理及其他	×	×	×	×		320.00
合 计	×	×	×	×		¥17870.00

②财务

记账： 验收：王芳 采购：陆平

⑫ $\frac{1}{4}$

浙江增值税专用发票

No. 0208252

此联不作报销、扣税凭证使用　　　　开票日期：

购货单位	名　　称： 纳税人识别号： 地 址 、电 话： 开户行及账号：	密码区	

货物或应税劳务名称	规格型号	单　位	数　量	单　价	金　　额	税率	税　　额
合　　计							
价税合计（大写）						（小写）	

销货单位	名　　称： 纳税人识别号： 地 址 、电 话： 开户行及账号：	备注	

收款人：　　　　复核：　　　　开票人：　　　　销货单位：（章）

第二联：记账联　销货方记账凭证

⑫ $\frac{2}{4}$

银行打印	中国工商银行之江市分行**进账单**（收账通知）　　年　　月　　日

出票人	全　　称		持票人	全　　称	
	账　　号			账　　号	
	开户银行			开户银行	

人民币（大写）	千	百	十	万	千	百	十	元	角	分

票据种类		
票据张数		
单位主管　会计　复核　记账		持票人开户行盖章

第一联　此联是持票人开户银行交给持票人的收账通知

⑫ $\frac{3}{4}$

付款期限
壹个月

中国农业银行 BA/01 068356

㊀ 银行汇票 ② 第 号

出票日期：（大写）贰零某某年拾贰月伍日	兑付地点：之江市 兑付行：工商行 行号：236	
收款人：之江油泵油嘴厂		账号：40234
出票金额 人民币（大写）肆万捌仟元整		
实际结算金额 人民币（大写）		千 百 十 万 千 百 十 元 角 分

申请人：义乌市农机公司　　账号或住址：2550921

签发行：市农行 行号：762

汇款用途：货 款

签发行盖章：

多余金额									科 目（付） 对方科目（收） 兑付日期 年 月 日 复核 记账
百	十	万	千	百	十	元	角	分	

本汇票和汇款讫通知一并由汇款人自带。

⑫ $\frac{4}{4}$

付款期限
壹个月

中国农业银行 解讫 BA/01 068356

银行汇票 通知 ③ 第 号

出票日期：（大写）贰零某某年拾贰月伍日	兑付地点：之江市 兑付行：工商行 行号：236	
收款人：之江油泵油嘴厂		账号：40234
出票金额 人民币（大写）肆万捌仟元整		
实际结算金额 人民币（大写）		千 百 十 万 千 百 十 元 角 分

申请人：义乌市农机公司　　账号或住址：2550921

签发行：市农行 行号：762

汇款用途：货 款

兑付行盖章：

复核 经办

多余金额									科 目（付） 对方科目（收） 兑付日期 年 月 日
百	十	万	千	百	十	元	角	分	

本汇票由付行兑付后随报单寄签发行，由签发行作多余款收入传票。

⑬

行政拨交工会经费缴款书（回单）

缴款日期20××年12月8日

缴款单位	全　　称	之江油泵油嘴厂	职　工　人　数	
	账　　号	40234	上　月　工　资　总　额	65000.00
	开户银行	市工行	拨交工会经费月份	20××年12月

			万	千	百	十	元	角	分
金额	应缴工会经费	（大写）壹仟叁佰元整	¥	1	3	0	0	0	0
	扣交滞纳金	自　年　月　日至　年　月　日共　天×5%							
	合　　计	（大写）壹仟叁佰元整	¥	1	3	0	0	0	0

按右列比例办理

银行　　工会户								
比例	账　　号	万	千	百	十	元	角	分
60%								

支行　　总工会户								
比例	账　　号	万	千	百	十	元	角	分
40%								

备注：1. 应在每月15日前拨交上月工会经费。
2. “扣交滞纳金”栏，由（市）县总工会计算填列，并加章后，配款单位开户银行办理。

（付款单位开户银行盖章）

此联由付款单位开户银行盖章后交付款单位

⑭

中国工商银行

现金支票存根

$\frac{B}{0}\frac{M}{2}$ 0002

附加信息

出票日期　年　月　日

收款人：	
金　额：	
用　途：	

单位主管　　会计

本支票付款期限十天

中国工商银行　**现金支票**（浙）　$\frac{B}{0}\frac{M}{2}$ 0002

出票日期（大写）　　年　　月　　日　　付款行名称：

收款人：　　出票人账号：

人民币（大写）	亿	千	百	十	万	千	百	十	元	角	分

用途________

上列款项请从

我账户内支付

出票人签章　　　　复核　　记账

⑮

之江油泵油嘴厂工资结算汇总表

20××年12月7日　　　　单位:元

部门人员别		职工人数	基本工资	经常性生产奖	补贴和津贴		加班加点工资	应扣工资		应付工资	代扣款项				实发金额	部门工资核算员签章
部门名称	人员类别				物价补贴	中夜班津贴		病假	事假		电费	入托费	水费	小计		
油泵车间	生产工人	70	8329.53	2602	1680	340	525	243	174	13059.53	201	510	214	925	12134.53	略
	管理人员	9	1009.29	300	216	26	140	30	20	1641.29	23	68	24	115	1526.29	
油嘴车间	生产工人	118	14948.37	3966	2832	538	566	407	185	22258.37	320	918	350	1588	20670.37	
	管理人员	15	1929.20	406	360	40	62	49	29	2719.20	33	134	40	207	2512.20	
金工车间	生产工人	38	5113.82	1239	912	142	74	128	82	7270.82	98	238	97	433	6837.82	
	管理人员	5	519.63	139	120	18	13	14	9	786.63	12	68	12	92	694.63	
热锻车间	生产工人	27	3428.27	829	648	128	22	43	71	4941.27	81	238	86	405	4536.27	
	管理工员	3	313.80	85	72	14	15	11	4	484.80	5	34	5	44	440.80	
机修车间		38	4613.32	1159	912	145	107	135	62	6739.32	76	204	79	359	6380.32	
企业管理部门		95	9857.47	2945	2342	12	76	32	154	15046.47	197	272	96	565	14481.47	
在建工程		6	885.80	186	162	21	18		16	1256.80	9		10	19	1237.80	
合计		424	50948.50	13856	10256	1424	1618	1092	806	76204.50	1055	2684	1013	4752	71452.50	

⑯ $\frac{1}{3}$

浙江增值税专用发票

No. 0208253

此联不作报销、扣税凭证使用 开票日期：

购货单位	名　　称： 纳税人识别号： 地 址 、电 话： 开户行及账号：			密码区			
货物或应税劳务名称	规格型号	单　位	数　量	单　价	金　　额	税率	税　　额
合　　计							
价税合计（大写）						（小写）	
销货单位	名　　称： 纳税人识别号： 地 址 、电 话： 开户行及账号：			备注			

第二联：记账联　销货方记账凭证

收款人：　　复核：　　开票人：　　销货单位：（章）

⑯ $\frac{2}{3}$

本支票付款期限十天

中国工商银行　转账支票

$\frac{B}{0}$ $\frac{M}{2}$ 001963

出票日期（大写）贰零某某年拾贰月零玖日　付款行名称：市农行

收款人：之江油泵油嘴厂　出票人账号：746924

人民币（大写）：捌万壹仟伍佰肆拾玖元整	亿	千	百	十	万	千	百	十	元	角	分
				¥	8	1	5	4	9	0	0

用途 购货款

上列款项请从

我账户内支付

出票人签章　　复核　　记账

⑯$\frac{3}{3}$

<table>
<tr><td rowspan="1">银行打印</td><td colspan="9">中国工商银行之江市分行**进账单**（收账通知）　　年　月　日</td></tr>
<tr><td rowspan="3">出票人</td><td>全　称</td><td></td><td rowspan="3">持票人</td><td>全　称</td><td colspan="4"></td></tr>
<tr><td>账　号</td><td></td><td>账　号</td><td colspan="4"></td></tr>
<tr><td>开户银行</td><td></td><td>开户银行</td><td colspan="4"></td></tr>
<tr><td colspan="6">人民币
（大写）</td><td colspan="3">千 百 十 万 千 百 十 元 角 分</td></tr>
<tr><td colspan="2">票据种类</td><td></td><td colspan="6" rowspan="3">持票人开户行盖章</td></tr>
<tr><td colspan="2">票据张数</td><td></td></tr>
<tr><td colspan="3">单位主管　会计　复核　记账</td></tr>
</table>

第一联　此联是持票人开户银行交给持票人的收账通知

⑰$\frac{1}{2}$

之江油泵油嘴厂

汇款通知单　　20××年12月12日

汇入单位	湖北十堰第二汽车制造厂		
汇入银行	湖北武汉市工行	账　号	770205
汇款原因：预付购货款			
金额（大写）肆万元整			¥ 40000.00
审批人意见：同意　**沈培良** 12.12		经办人签章：**赵福根**	

⑰ $\frac{2}{2}$

中国工商银行 **信汇凭证**（回 单） 1

委托日期 20××年12月12日 浙00423700

汇款人	全 称	之江油泵油嘴厂	收款人	全 称	湖北十堰第二汽车制造厂
	账 号	40234		账 号	770205
	汇出地点	浙江省之江市		汇入地点	湖北省武汉市
汇出行名称		市工行	汇入行名称		市工行

金额	人民币（大写）：肆万元整	亿	千	百	十	万	千	百	十	元	角	分
					¥	4	0	0	0	0	0	0

	支付密码
汇出行签章	附加信息及用途： 预付购货款 复核： 记账：

此联汇出行给汇款人的回单

⑱ $\frac{1}{2}$

之江油泵油嘴厂

汇款通知单 20××年12月12日

汇入单位	上海机床公司		
汇入银行	上海市工行	账 号	2233038
汇款原因：支付购货款			
金额（大写） 柒万贰仟元整			¥：72000.00
审批人意见：同意 **沈培良** 12.12		经办人签章：**陆平**	

⑱ $\frac{2}{2}$

中国工商银行　信汇凭证（回　　单）　　1

委托日期　20××年12月12日　　　　浙00423701

汇款人	全　称	之江油泵油嘴厂			收款人	全　称	上海机床公司												
	账　号	40234				账　号	2233038												
	汇出地点	浙江省之江市				汇入地点	上海市												
汇出行名称		市工行			汇入行名称		市工行												
金额	人民币（大写）：柒万贰仟元整								亿	千	百	十	万	千	百	十	元	角	分
												¥	7	2	0	0	0	0	0
汇出行签章					支付密码														
					附加信息及用途：支付前欠外圆磨床款														
					复核：　　记账：														

此联汇出行给汇款人的回单

⑲ $\frac{1}{2}$

之江油泵油嘴厂
（借）款单

20××年12月15日

款项内容：　去湖北十堰第二汽车制造厂提汽车	
人民币（大写）壹仟元整　　¥1000.00	
审批人意见：同意　沈培良 12.15	领款人签章：郭　明

⑲ $\frac{2}{2}$

中国工商银行 现金支票存根 $\frac{B}{0}\frac{M}{2}$ 0003 附加信息 出票日期　年　月　日 收款人：郭明 金　额：壹仟元整 用　途：备用金 单位主管　　会计	本支票付款期限十天	中国工商银行　**现金支票**（浙）　$\frac{B}{0}\frac{M}{2}$ 0003 出票日期（大写）　年　月　日　付款行名称： 收款人：　出票人账号： 人民币（大写）　亿 千 百 十 万 千 百 十 元 角 分 用途 上列款项请从 我账户内支付 出票人签章　　复核　　记账

⑳ 中国工商银行**信汇凭证**（收账通知或取款收据）　**4**

委托日期　20××年12月12日　　浙 00044360

汇款人	全　称	临安内燃机厂	收款人	全　称	之江油泵油嘴厂
	账　号	862456		账　号	40234
	汇出地点	浙江省临安市		汇入地点	浙江省之江市
汇出行名称		市工行	汇入行名称		市工行
金额	人民币（大写）：贰万元整		亿 千 百 十 万 千 百 十 元 角 分		¥ 2 0 0 0 0 0 0
汇款用途：预付购货款					留行待取预留收款人印章
上列款项已代进账、如有错误请持此单来行面洽。　此致 （开户单位） （汇入行盖章） 20××年12月16日		上列款项已照收无误 （收款人盖章） 20××年12月16日			科目（付） 对方科目（收） 汇入行解汇日期 20××年12月16日 复核员　出纳员 记账员

此联是给收款单位的收款通知或代取款收据

㉑ $\frac{1}{3}$

浙江增值税专用发票

No. 0208254

此联不作报销、扣税凭证使用　　　　开票日期：

<table>
<tr><td>购货单位</td><td colspan="4">名　　称：
纳税人识别号：
地 址 、电 话：
开户行及账号：</td><td>密码区</td><td colspan="3"></td></tr>
<tr><td>货物或应税劳务名称</td><td>规格型号</td><td>单　位</td><td>数　量</td><td>单　价</td><td>金　额</td><td>税率</td><td>税　额</td></tr>
<tr><td></td><td></td><td></td><td></td><td></td><td></td><td></td><td></td></tr>
<tr><td></td><td></td><td></td><td></td><td></td><td></td><td></td><td></td></tr>
<tr><td></td><td></td><td></td><td></td><td></td><td></td><td></td><td></td></tr>
<tr><td>合　　计</td><td></td><td></td><td></td><td></td><td></td><td></td><td></td></tr>
<tr><td>价税合计（大写）</td><td colspan="7">（小写）</td></tr>
<tr><td>销货单位</td><td colspan="3">名　　称：
纳税人识别号：
地 址 、电 话：
开户行及账号：</td><td>备注</td><td colspan="3"></td></tr>
</table>

第二联：记账联　销货方记账凭证

收款人：　　　　复核：　　　　开票人：　　　　销货单位：（章）

㉑ $\frac{2}{3}$

公路、内河货物运输业统一发票

地　税

发　票　联

发票代码：

开票日期：20××年12月16日　　　　发票号码：2608

<table>
<tr><td>机打代码
机打号码
机器编号</td><td colspan="2"></td><td>税控码</td><td colspan="2"></td></tr>
<tr><td>收货人及纳税人识别号</td><td colspan="2">安徽宣城县农机公司</td><td>承运人及纳税人识别号</td><td colspan="2">市运输公司</td></tr>
<tr><td>发货人及纳税人识别号</td><td colspan="2">之江油泵油嘴厂</td><td>主管税务机关及代码</td><td colspan="2"></td></tr>
<tr><td>运输项目及金额</td><td>165F 油泵 20 件 40.80 元
1620 输油泵 20 件 63.20 元
4SIA 油嘴 10 件 25.00 元</td><td>其他项目及金额</td><td></td><td colspan="2">备注:(手写无效)
承运人盖章</td></tr>
<tr><td>运费小计</td><td colspan="2">129.00</td><td>其他费用小计</td><td colspan="2"></td></tr>
<tr><td>合计（大写）</td><td colspan="5">壹佰贰拾玖元整　　（小写）￥129.00</td></tr>
</table>

第二联　发票联　付款方记账凭证

开票人：马　良

㉑ $\frac{3}{3}$

托收凭证（受理回单） 1

委托日期20××年12月16日

业务类型	委托收款（☑邮划、□电划）				托收承付（□邮划、□电划）				
付款人	全称	安徽宣城农机公司			收款人	全称	之江油泵油嘴厂		
	账号	75028				账号	40234		
	地址	安徽省宣城县	开户行	县农行		地址	浙江省之江市	开户行	市工行
金额	人民币（大写）：伍万壹仟陆佰零玖元整								
款项内容	销货款	托收凭据名称	发票　No. 0208241		附寄单证张数				
商品发运情况					合同名称号码				
备注： 复核　记账		款项收妥日期 年　月　日			收款人开户银行签章 20××年12月16日				

亿	千	百	十	万	千	百	十	元	角	分
			¥	5	1	6	0	9	0	0

此联作收款人开户银行给收款人的受理回单

㉒

托收凭证（汇款依据或收账通知） 4

委托日期20××年11月28日　　付款期限　年　月　日

业务类型	委托收款（☑邮划、□电划）				托收承付（□邮划、□电划）				
付款人	全称	福建莆田农机公司			收款人	全称	之江油泵油嘴厂		
	账号	5678029				账号	40234		
	地址	福建省莆田县	开户行	县农行		地址	浙江省之江市	开户行	市工行
金额	人民币（大写）：伍万元整								
款项内容	销货款	托收凭据名称	发票　No. 0208244		附寄单证张数				
商品发运情况					合同名称号码				
备注： 复核　记账		上列款项已划回收入你方账户内。 收款人开户银行签章 20××年12月16日							

亿	千	百	十	万	千	百	十	元	角	分
			¥	5	0	0	0	0	0	0

此联付款人开户行凭以汇款或收款人开户银行作收账通知

㉓ 1/2

中国工商银行 转账支票存根 B/0 M/2 001023 附加信息 出票日期　年　月　日 收款人： 金　额： 用　途： 单位主管　　会计	本支票付款期限十天	中国工商银行　**转账支票**　　B/0 M/2 001023 出票日期（大写）　年　月　日　付款行名称： 收款人：　出票人账号： 人民币（大写）　亿 千 百 十 万 千 百 十 元 角 分 用途 上列款项请从 我账户内支付 出票人签章　　复核　　记账

㉓ 2/2

浙江省非税收入统一票据

执收单位代码：

票据编码：

之财（01）　No. 020064

执收单位：之江工业局　　20××年12月18日

交　款　人	之江油泵油嘴厂		交款书号码		
收入项目编码	非税收入项目	计量单位	数　量	标　准	金　额
	订货会务费				1800.00
合计人民币（大写）：壹仟捌佰元整					¥1800.00

执收单位财务专用章		经手人	王　望	缴款方式	1. 现金☐ 2. 转账☑
说明					

第二联　收据联（财务）

㉔

中国工商银行 现金支票存根 B/0 M/2 0004 附加信息 出票日期 年 月 日 收款人： 金 额： 用 途： 单位主管 会计	本支票付款期限十天	中国工商银行 **现金支票**（浙） B/0 M/2 0004 出票日期（大写） 年 月 日 付款行名称： 收款人： 出票人账号： 人民币（大写） 亿 千 百 十 万 千 百 十 元 角 分 用途 上列款项请从 我账户内支付 出票人签章 复核 记账

㉕

特种 **委托收款凭证** （付款通知） 5 委收号码：850791105567

委托日期：20××年12月20日 第1483号

付款人	全 称	之江油泵油嘴厂			收款人	全 称	之江市邮电局					
付款人	账号或地址	40234			收款人	账 号	542002					
付款人	开户银行	市工行			收款人	开户银行	之江市工行	行号				
委收金额	人民币（大写）：壹仟肆佰柒拾贰元肆角整				千	百	十	万	千	百	十	元	角	分
								¥	1	4	7	2	4	0
合同号					付款人开户银行盖章 20××年12月20日							
款项内容	长话费	780.15	电报	19.75								
	市话费	615.80	移动电话									
	农话费	56.70	邮政机要									
	信息费		其他									
备 注												

此联付款人开户银行给付款人的付款通知（代收据）

单位主管： 会计： 复核： 记账： 输入：

㉖ $\frac{1}{2}$

浙江增值税专用发票

No. 0208255

此联不作报销、扣税凭证使用　　　　开票日期：

购货单位	名　　称： 纳税人识别号： 地 址 、电 话： 开户行及账号：			密码区			
货物或应税劳务名称	规格型号	单　位	数　量	单　价	金　　额	税率	税　　额
合　　计							
价税合计（大写）						（小写）	
销货单位	名　　称： 纳税人识别号： 地 址 、电 话： 开户行及账号：			备注			

收款人：　　　　复核：　　　　开票人：　　　　销货单位：（章）

第三联：记账联　销货方记账凭证

㉖ $\frac{2}{2}$

公路、内河货物运输业统一发票

地　税

发　票　联　　　　发票代码：

开票日期：20××年 12 月 20 日　　　　发票号码：001124

机打代码 机打号码 机器编号			税控码		
收货人及纳税人识别号	临安内燃机厂		承运人及纳税人识别号	市运输公司	
发货人及纳税人识别号	之江油泵油嘴厂		主管税务机关及代码		
运输项目及金额	6120 输油泵 84.50 元	其他项目及金额		备注：（手写无效） 承运人盖章	
运费小计	84.50	其他费用小计			
合计（大写）	捌拾肆元伍角整			（小写）￥84.50	

开票人：方　志

第二联　发票联　付款方记账凭证

㉗ $\frac{1}{2}$

中国工商银行 信汇凭证（回 单） 1

委托日期20××年12月20日 浙00042470

汇款人	全 称	之江油泵油嘴厂	收款人	全 称	杭州轴承钢厂									
	账 号	40234		账 号	456692									
	汇出地点	浙江省之江市		汇入地点	浙江省杭州市									
汇出行名称		市工行	汇入行名称		市工行									
金额	人民币（大写）：叁万元整		亿	千	百	十	万	千	百	十	元	角	分	
						¥	3	0	0	0	0	0	0	
汇出行签章			支付密码											
			附加信息及用途：预付购货款　复核：　记账：											

此联汇出行给汇款人的回单

㉗ $\frac{2}{2}$

之 江 油 泵 油 嘴 厂

汇 款 通 知 单

20××年12月20日

汇 入 单 位	杭州轴承钢厂		
汇 入 银 行	市工行	账　　号	456692
汇款原因：预付购货款			
金额（大写）叁万元整			¥30000.00
意见：同意 **沈培良** 12.20		经办人签章：**赵建根**	

㉘ 中国工商银行 **信汇凭证**（回 单） 1

委托日期20××年12月21日 浙00042480

汇款人	全 称	之江油泵油嘴厂			收款人	全 称	沈阳北方冲剪机厂								
	账 号	40234				账 号	2306172								
	汇出地点	浙江省之江市				汇入地点	辽宁省沈阳市								
汇出行名称		市工行			汇入行名称		市工行								
金额	人民币（大写）：叁万伍仟元整				亿	千	百	十	万	千	百	十	元	角	分
								¥	3	5	0	0	0	0	0
汇出行签章			支付密码												
			附加信息及用途：支付前欠货款 复核： 记账：												

此联汇出行给汇款人的回单

㉙ $\frac{1}{2}$

中国人民财产保险股份有限公司 地 税

保 险 业 专 用 发 票

INSURANCE TRADE INVOICE

发 票 联

INVOICE

发票代码：

发票号码：1388168

开票日期：20××年12月21日

第二联：发票联

付款人：
Payer 之江油泵油嘴厂

承保险种：
Coverage 财产保险综合保险

保险单号：
Policy No. （略）

批单号：
End. No. （略）

保险费金额：（大写）壹万陆仟元整 （小写）16000.00
Premium Amoun（In Words）

附注：
Remarks

经手人：张文华
Handler

复核：
Checked by

保险公司签章：
Stamped by Insurance Company
（手开无效）
Not Valid If In Hand Written

地址：
Add.

电话：
Tel.

㉙ $\frac{2}{2}$

<table>
<tr><td rowspan="12">中国工商银行
转账支票存根
B/0 M/2 001024
附加信息

出票日期 年 月 日
收款人：
金 额：
用 途：
单位主管 会计</td><td rowspan="12">本支票付款期限十天</td><td colspan="12">中国工商银行 转账支票 B/0 M/2 001024</td></tr>
<tr><td colspan="6">出票日期（大写） 年 月 日</td><td colspan="6">付款行名称：</td></tr>
<tr><td colspan="6">收款人：</td><td colspan="6">出票人账号：</td></tr>
<tr><td rowspan="2">人民币
（大写）</td><td>亿</td><td>千</td><td>百</td><td>十</td><td>万</td><td>千</td><td>百</td><td>十</td><td>元</td><td>角</td><td>分</td></tr>
<tr><td></td><td></td><td></td><td></td><td></td><td></td><td></td><td></td><td></td><td></td><td></td></tr>
<tr><td colspan="6">用途</td><td colspan="6"></td></tr>
<tr><td colspan="6">上列款项请从
我账户内支付
出票人签章</td><td colspan="6">复核 记账</td></tr>
</table>

托收凭证（汇款依据或收账通知）

委托日期 20××年 12 月 16 日

4

付款期限 年 月 日

<table>
<tr><td>业务类型</td><td colspan="8">委托收款（☑邮划、☐电划） 托收承付（☐邮划、☐电划）</td></tr>
<tr><td rowspan="3">付款人</td><td>全 称</td><td colspan="2">安徽省宣城农机公司</td><td rowspan="3">收款人</td><td>全 称</td><td colspan="3">之江油泵油嘴厂</td></tr>
<tr><td>账 号</td><td colspan="2">75028</td><td>账 号</td><td colspan="3">40234</td></tr>
<tr><td>地 址</td><td>安徽省宣城县 开户行</td><td>县农行</td><td>地 址</td><td>浙江省之江市</td><td>开户行</td><td>市工行</td></tr>
<tr><td>金额</td><td colspan="8">人民币（大写）：伍万壹仟陆佰零玖元整
亿 千 百 十 万 千 百 十 元 角 分
¥ 5 1 6 0 9 0 0</td></tr>
<tr><td>款项内容</td><td colspan="2">销货款</td><td>托收凭据名称</td><td colspan="2">发票 No. 0208254</td><td>附寄单证张数</td><td colspan="2"></td></tr>
<tr><td>商品发运情况</td><td colspan="4"></td><td colspan="2">合同名称号码</td><td colspan="2"></td></tr>
<tr><td colspan="2">备注：

复核 记账</td><td colspan="4">上列款项已划回收入你方账户内。

收款人开户银行签章
20××年 12 月 22 日</td><td colspan="3"></td></tr>
</table>

此联付款人开户行凭以汇款或收款人开户银行作收账通知

㉛ 浙江省收购统一发票

发 票 联 之江 NO. 00005776

开票日期：20××年12月25日

投售人签字	之江油泵油嘴厂			身份证号		
地 址	解放路					
品 名	单 位	数 量	单 价	金 额	备 注	
报废机器	kg	400	0.5	200.00	限千元以内有效	
收购金额（大写）	贰佰元整				￥200.00	
收购单位	名 称	金属回收公司	税务登记证号	330101401026875		
	地址、电话	中山路 85679432	开户行及账号	市工行 40732		

开票人：张虹 收款人： 收购单位（未盖章无效）

第一联：发票联

㉜ 中国工商银行计算利息清单

单位名称：之江油泵油嘴厂 20××年12月25日

第×号

账号：40234

起息日期	结息日期	天数	积 数	利 率	利 息
20××/9/21	20××/9/21	91	（略）	（略）	385.65
上列存款利息，已照付你单位 第4023号账户 （工商银行盖章）				备注	

之江市工行

单位收款通知

㉝ $\frac{1}{2}$ 第四季度短期借款利息计提表

20××年12月

月份	已提利息	应付利息
10月	1100	×
11月	1100	×
12月		
合计		3750

㉝ $\frac{2}{2}$

中国工商银行（贷）款利息通知单

借方	户　名	之江油泵油嘴厂	贷方	户　名	市工行利息收入户
	账　号	40234		账　号	
实收（付）金额			记息户账号		
借据编号			借据序号		

备注	起息日期	止息日期	积数/息余	利　率	利　息
	（略）			（略）	3750.00
	调整利息：		冲正利息：		
	应收（付）利息合计：叁仟柒佰伍拾元整				

银行章：　　　　经办人：

㉞ $\frac{1}{2}$

之　江　市　邮　电　局

No. 017017

收　款　收　据

20××年12月25日　　收据　　字第　××　号

子目及户名	账号	摘　要	万	千	百	十	元	角	分
之江油泵油嘴厂		报刊订阅	¥	4	5	0	0	0	0
合计人民币（大写）肆仟伍佰元整			¥	4	5	0	0	0	0

三、此联交缴款单位收执

负责人：　　会计：　　出纳：　　制表：

㉞ 2/2

中国工商银行 转账支票存根 B/0 M/2 001025 附加信息	本支票付款期限十天	中国工商银行 **转账支票** B/0 M/2 001025
出票日期 年 月 日		出票日期（大写） 年 月 日 付款行名称： 收款人： 出票人账号：
收款人：		人民币（大写） 亿 千 百 十 万 千 百 十 元 角 分
金 额：		用途
用 途：		上列款项请从 我账户内支付 出票人签章 复核 记账
单位主管 会计		

㉟ 1/2

浙江增值税专用发票 No. 0732500

发 票 联 开票日期：20××年12月25日

购货单位	名 称：之江油泵油嘴厂 纳税人识别号：330114010167421 地 址 、电 话：之江市解放路 85251622 开户行及账号：市工行 40234				密码区		
货物或应税劳务名称	规格型号	单 位	数 量	单 价	金 额	税率	税 额
水		吨	1400	0.50	7000.00	13%	910.00
合 计					7000.00		910.00
价税合计（大写）	柒仟玖佰壹拾元整				（小写）￥7910.00		
销货单位	名 称：之江市自来水厂 纳税人识别号：330114010253289 地 址 、电 话：之江市人民路 85348292 开户行及账号：市工行 75029				备注		

第二联：发票联 购货方记账凭证

收款人： 复核： 开票人： 销货单位：（章）

㉟ $\frac{2}{2}$

托收凭证（付款通知）

委托日期20××年12月25日

5

付款期限　　年　月　日

业务类型	委托收款（☑邮划、□电划）　托收承付（□邮划、□电划）																	
付款人	全称	之江油泵油嘴厂			收款人	全称	之江自来水厂											
	账号	40234				账号	75029											
	地址	浙江省之江市	开户行	市工行		地址	浙江省之江市	开户行	市工行									
金额	人民币（大写）：柒仟玖佰壹拾元整								亿	千	百	十	万	千	百	十	元	角	分
													¥	7	9	1	0	0	0
款项内容	12月份水费	托收凭据名称	发票　No. 0732500		附寄单证张数													
商品发运情况					合同名称号码													

备注： 付款人开户银行收到日期 20××年12月25日 复核　　记账	付款人开户银行签章 20××年12月26日	付款人注意： 1. 根据支付结算办法，上列委托收款（托付承付）款项在付款期限内未提出拒付，即视为同意付款，以此代付款通知。 2. 如需提出全部或部分拒付，应在规定期限内，将拒付理由书并附债务证明退交开户银行。

此联付款人开户银行给付款按期付款通知

㊱ $\frac{1}{2}$

浙江增值税专用发票

No. 0268054

发　票　联　开票日期：20××年12月25日

购货单位	名称：之江油泵油嘴厂 纳税人识别号：330114010167421 地址、电话：之江市解放路　85251622 开户行及账号：市工行　40234				密码区		
货物或应税劳务名称	规格型号	单位	数量	单价	金额	税率	税额
电		度	61985	0.205	12706.93	17%	2160.18
合计					12706.93		2160.18
价税合计（大写）	壹万肆仟捌佰陆拾柒元壹角壹分　（小写）¥14867.11						
销货单位	名称：之江市供电局 纳税人识别号：330114030121854 地址、电话：之江市市府路　85263636 开户行及账号：市工行　78546				备注		

收款人：　　复核：　　开票人：　　销货单位：（章）

第二联：发票联　购货方记账凭证

㊱ $\frac{2}{2}$

托收凭证（付款通知）　　**5**

委托日期20××年12月25日

付款期限　年　月　日

业务类型	委托收款（☑邮划、□电划）　托收承付（□邮划、□电划）									
付款人	全　称	之江油泵油嘴厂			收款人	全　称	市供电局			
	账　号	40234				账　号	78546			
	地　址	浙江省之江市	开户行	市工行		地　址	浙江省之江市	开户行	市工行	
金额	人民币（大写）：壹万肆仟捌佰陆拾柒元壹角壹分					亿 千 百 十 万 千 百 十 元 角 分	¥ 1 4 8 6 7 1 1			
款项内容	12月份电费		托收凭据名称	发票　No. 0268054		附寄单证张数				
商品发运情况						合同名称号码				

备注： 付款人开户银行收到日期 20××年12月25日 复核　　　记账	付款人开户银行签章 20××年12月26日	付款人注意： 1. 根据支付结算办法，上列委托收款（托付承付）款项在付款期限内未提出拒付，即视为同意付款，以此代付款通知。 2. 如需提出全部或部分拒付，应在规定期限内，将拒付理由书并附债务证明退交开户银行。

此联付款人开户银行给付款人按期付款通知

㊲ $\frac{1}{2}$

差旅费报销单

20××年12月26日

出差人姓名：郭明										
出差事由日期及地点：12月19日至12月24日去湖北接车										
报销项目	火车费	汽车费	轮船费	其他车船费	住宿费	住勤费	在途			合计
单据张数					（略）					
报销金额										936.90
人民币（大写）玖佰叁拾陆元玖角整　　¥936.90										
原借款 ¥1000.00　除报销上项金额外应交回　¥63.10元										

核准：沈培良　12.26　　　财务主管：王关清 12.26　　　报销人：郭明

㊲$\frac{2}{2}$

浙江省非税收入统一票据

执收单位代码：　　　　　　　　　　　　　　　　　　　　票据编码：（之财）No. 7051

执收单位：之江油泵油嘴厂　　　　　　20××年12月26日

交款人	郭明		交款书号码		
收入项目编码	非税收入项目	计量单位	数量	标准	金额
	交回借款				1000.00
合计人民币（大写）：壹仟元整				¥1000.00	
执收单位财务专用章		经手人	赵有城	缴款方式	1. 现金☑ 2. 转账☐
说明					

第三联　记账联（财政）

㊳$\frac{1}{3}$

浙江增值税专用发票

No. 0208258

此联不作报销、扣税凭证使用　开票日期：20××年12月15日

购货单位	名称： 纳税人识别号： 地址、电话： 开户行及账号：				密码区			
货物或应税劳务名称		规格型号	单位	数量	单价	金额	税率	税额
合计								
价税合计（大写）						（小写）		
销货单位	名称： 纳税人识别号： 地址、电话： 开户行及账号：				备注			

收款人：　　　　复核：　　　　开票人：　　　　销货单位：（章）

第三联　记账联　销货方记账凭证

㊳ $\frac{2}{3}$

公路、内河货物运输业统一发票　地　税

发　票　联　　发票代码：

开票日期：20××年12月26日　　发票号码：02100

机打代码 机打号码 机器编号		税控码	
收货人及纳税人识别号	福建莆田农机公司	承运人及纳税人识别号	之江市运输公司
发货人及纳税人识别号	之江油泵油嘴厂	主管税务机关及代码	
运输项目及金额	4SIA 油嘴 10 件 24.24 元 6120 输油泵 10 件 21.36 元 6120 油嘴 50 件 178.56 元	其他项目及金额	备注：（手写无效） 承运人盖章
运费小计	224.16	其他费用小计	
合计（大写）	贰佰贰拾肆元壹角陆分	（小写）¥224.16	

第二联　发票联　付款方记账凭证

㊳ $\frac{3}{3}$

托收凭证　（受理回单）　1

委托日期20××年12月16日

业务类型	委托收款（☑邮划、☐电划）　托收承付（☐邮划、☐电划）					
付款人	全称	福建莆田农机公司	收款人	全称	之江油泵油嘴厂	
	账号	5678029		账号	40234	
	地址	福建省莆田县　开户行　县农行		地址	浙江省之江市	开户行　市工行
金额	人民币（大写）：伍万叁仟肆佰伍拾玖元壹角陆分				亿 千 百 十 万 千 百 十 元 角 分	¥ 5 3 4 5 9 1 6
款项内容	销货款	托收凭据名称	发票　No. 0208241	附寄单证张数		
商品发运情况			合同名称号码			
备注： 复核　　记账		款项收妥日期 年　月　日		收款人开户银行签章 20××年12月16日		

此联作收款人开户银行给收款人的受理回单

㊴ 1/3

浙江增值税专用发票

No. 0208259

此联不作报销、扣税凭证使用　　　　开票日期：

购货单位	名　　称： 纳税人识别号： 地 址 、电 话： 开户行及账号：			密码区			
货物或应税劳务名称	规格型号	单位	数量	单价	金额	税率	税额
合　　计							
价税合计（大写）					（小写）		
销货单位	名　　称： 纳税人识别号： 地 址 、电 话： 开户行及账号：			备注			

第三联　记账联　销货方记账凭证

收款人：　　　复核：　　　开票人：　　　销货单位：（章）

㊴ 2/3

本支票付款期限十天

中国工商银行　转账支票

B/0 M/2 001149

出票日期（大写）贰零某某年壹拾贰月贰拾陆日　付款行名称：市农行

收款人：之江油泵油嘴厂　　　出票人账号：356918

人民币（大写）	亿	千	百	十	万	千	百	十	元	角	分
肆万肆仟陆佰玖拾肆元整				¥	4	4	6	9	4	0	0

用途　购货

上列款项请从
我账户内支付
出票人签章

复核　　　记账

㊴ $\frac{3}{3}$

银行打印	中国工商银行之江市分行**进账单**（收账通知）　　年　月　日					
出票人	全　　称		持票人	全　　称		
	账　　号			账　　号		
	开户银行			开户银行		
人民币（大写）					千百十万千百十元角分	
票据种类						
票据张数						
单位主管　会计　复核　记账			持票人开户行盖章			

第一联　此联是持票人开户银行交给持票人的收账通知

④⑩ $\frac{1}{3}$

社会保险费缴费申报表

地税编码：　　　　　　　　费款所属日期：20××年12月　　　　金额单位：元（列至角分）

单位名称	之江油泵油嘴厂	单位地址	之江市解放路	联系电话	85251622
缴费银行	市工行储税专柜	缴费账号	×××	经济类型	二类

费种	费目	缴费基数	费率	应征费额	批准缓缴费额	已缴费额	应缴费额	缴费人数(人)
1	2	3	4	5=3×4	6	7	8=5-6-7	9
医疗保险基金	基本医疗保险费Ⅰ、Ⅱ	30481.80	5%	1524.09			1524.09	424
失业保险基金	企业缴纳	30481.80	2%	609.64			609.64	424
工伤保险基金	企业缴纳工伤保险	30481.80	1%	304.82			304.82	424
生育保险基金	企业单位缴纳	30481.80	0.5%	152.41			152.41	424
养老保险基金	企业缴纳	30481.80	18%	5486.72			5486.72	424
合计				8077.68			8077.68	

缴费人申明		授权人申明		代理人申明	
缴费人申明	本单位（公司、个人）所申报的社会保险费款真实、准确，如有虚假内容，愿承担法律责任。 法人代表（业主）签名：沈培良 20××年12月25日	授权人申明	我（单位）现授权为本缴费人的代理申报人，任何与申报有关的往来文件，都可寄此代理机构。 委托代理合同号： 授权人：	代理人申明	本申报表是按照社会保险费有关规定填报，我确认其真实、合法。 代理人（签章）： 经办人：

㊵ $\frac{2}{3}$

中华人民共和国税收转账专用完税证

地

征收机关：之江市地税局直属分局　　填发日期：20××年12月5日　　（2004）浙 地转完　№ 0919360

纳税人代码	330114010167421			开户银行	市工行储税专柜		
纳税人名称	之江油泵油嘴厂			账　号	×××		
税　种	品目名称	税款所属时期	课税数量	计税金额或销售收入	税率或单位税额	已缴或扣除额	实缴金额
医疗保险基金		20××年12月		30481.80	5%		1524.09
失业保险基金		20××年12月		30481.80	2%		609.64
工伤保险基金		20××年12月		30481.80	1%		304.82
生育保险基金		20××年12月		30481.80	0.5%		152.41
养老保险基金		20××年12月		30481.80	18%		5486.72
金额合计	（大写）　捌仟零柒拾柒元陆角捌分						¥8077.68
税务机关（盖章）		收款银行（盖章）		填票人（章）	备注		

第一联（收据）纳税人作完税凭证

不得用于收取现金税款

㊵ $\frac{3}{3}$

中国工商银行
转账支票存根
$\frac{B}{0}\frac{M}{2}$ 001020
附加信息

出票日期　年　月　日

收款人：
金　额：
用　途：

单位主管　　会计

中国工商银行　转账支票

$\frac{B}{0}\frac{M}{2}$ 001020

本支票付款期限十天

出票日期（大写）　　年　　月　　日　　付款行名称：

收款人：　　出票人账号：

人民币（大写）	亿	千	百	十	万	千	百	十	元	角	分

用途＿＿＿＿＿

上列款项请从
我账户内支付
出票人签章　　　复核　　　记账

④1 $\frac{1}{2}$

浙江省之江市建筑安装专用发票

地　税

发　票　联

发票号码：930048

开票日期：20××年12月26日

第二联：发票

付款户名	之江油泵油嘴厂		施工单位	（略）									
承建单位	（略）		施工地址										
工程名称及编号	结算项目	单位	数量	单价	金额								
					十	万	千	百	十	元	角	分	
修膳办公楼修膳费						1	0	4	0	0	0	0	
						1	0	4	0	0	0	0	
合计人民币（大写）⊗佰⊗拾壹万零仟肆佰零拾零元零角零分				¥10400.00									
工程合同造价		合同号		开工日期	20××年10月20日	结算方式							
工程累计结算金额				竣工日期	20××年12月25日	附列结算单							

开票人：马　荣　　　收款人：潘　蕾　　　收款单位发票专用章

④1 $\frac{2}{2}$

中国工商银行 转账支票存根	中国工商银行　转账支票
$\frac{B}{0}$ $\frac{M}{2}$ 001027	$\frac{B}{0}$ $\frac{M}{2}$ 001027
附加信息	出票日期（大写）　年　月　日　　付款行名称：
	收款人：　　出票人账号：
	人民币（大写） 亿 千 百 十 万 千 百 十 元 角 分
出票日期　年　月　日	用途
收款人：	上列款项请从
金　额：	我账户内支付
用　途：	出票人签章　　复核　　记账
单位主管　　会计	

本支票付款期限十天

㊷

成交过户交割凭单

12/27/20××　　　　　　　　　　　　　　　　　　　　　　　　　　买

股东编号：A129626400（存）	成交证券
电脑编号：548167	成交数量：10000
公司代号：600601	成交价格：10.00
申请编号：888	成交金额：100000.00
申报时间：14:16:42	标准佣金：400.00
成交时间：14:17:10	过户费用：5.00
上次余额（股）	印 花 税：500.00
本次成交：5000	应付金额：100905.00
本次余额：5000	附加费用：0.00
本次库存：5000	实付金额：100905.00
经办单位：________	客户签章：赵方

（开立股票资金户有关业务及手续略）

㊸ $\frac{1}{3}$

中国工商银行现金交款单（回单）

20××年12月29日

交款单位	之江油泵油嘴厂	开户银行	市工行
款项来源	销 货 款	账　　号	40234

人民币（大写）	百	十	万	千	百	十	元	角	分
伍仟零陆拾元整			¥	5	0	6	0	0	0

券别 / 数额	100元	50元	十元	五元	二元	一元	五角	二角	一角	五分	二分	一分	合计金额
整 把 券													
零 张 券	20	60		12									

记账复核：　　记账员：　　收款复核：　　收款员：　　收款银行盖章：

一由银行盖章后退交款单位

㊸ $\frac{2}{3}$

浙江省货物销售统一发票

记　账　联　　　　之江　No. 00000001

20××年12月29日

购货方			
名　　称	×××户	识别号或证件号	
地址、电话		开户行及账号	

货物名称	规格	单位	数量	单价	金额 十	万	千	百	十	元	角	分
油　嘴	4SIA	套	200	5.30			1	0	6	0	0	0
油　嘴	6120	套	100	15.00			1	5	0	0	0	0
油　泵	165F	套	300	5.00			1	5	0	0	0	0
合计人民币（大写）	⊗拾⊗万⊗肆仟零佰陆拾元零角零分				¥4060.00							

销售方				
开户银行		结算方式	现　金	备注
账　号		联系电话		

第三联：记账联

开票人：马林　　收款人：朱方　　开票单位（未盖章无效）

㊸ $\frac{3}{3}$

浙江省货物销售统一发票

记　账　联　　　　之江　No. 00000002

20××年12月29日

购货方			
名　　称	×××户	识别号或证件号	
地址、电话		开户行及账号	

货物名称	规格	单位	数量	单价	金额 十	万	千	百	十	元	角	分
输油泵	6120	套	20	50.00			1	0	0	0	0	0
合计人民币（大写）	⊗拾⊗万⊗壹仟零佰零拾零元零角零分				¥1000.00							

销售方				
开户银行		结算方式	现　金	备注
账　号		联系电话		

第三联：记账联

开票人：马林　　收款人：朱方　　开票单位（未盖章无效）

㊹$\frac{1}{5}$

浙江省饮食业专用定额发票
发　票　联

地税

付款户名：

填开日期：

人民币：壹佰元

发票代码：

发票号码：01519506

收款人：　　　　收款单位发票专用章

本发票只限餐饮业务使用。

本发票限于20××年12月31日前填开使用方为有效。

㊹$\frac{2}{5}$

浙江省饮食业专用定额发票
发　票　联

地税

付款户名：

填开日期：

人民币：壹佰元

发票代码：

发票号码：01519507

收款人：　　　　收款单位发票专用章

本发票只限餐饮业务使用。

本发票限于20××年12月31日前填开使用方为有效。

㊹$\frac{3}{5}$

浙江省饮食业专用定额发票
发　票　联

地税

付款户名：

填开日期：

人民币：壹佰元

发票代码：

发票号码：01519508

收款人：　　　　收款单位发票专用章

本发票只限餐饮业务使用。

本发票限于20××年12月31日前填开使用方为有效。

㊹ $\frac{4}{5}$

浙江省饮食业专用定额发票

发　票　联

地税

付款户名：

填开日期：

人民币：伍拾元

发票代码：

发票号码：00389502

收款人：　　　　　　　　收款单位发票专用章

本发票只限餐饮业务使用。

本发票限于20××年12月31日前填开使用方为有效。

㊹ $\frac{5}{5}$

浙江省饮食业专用限额发票

发　票　联

地税

发票代码：

发票号码：00226826

本发票限于20××年12月31日前填开使用方为有效。　　开票日期：20××年12月29日

付款户名	之江油泵油嘴厂			付款方式				现　金
项　目	单　位	数　量	单　价	金　额				备　注
				十	元	角	分	
餐　费				1	8	0	0	本发票填开金额超过伍拾元无效。
合计人民币（大写）：壹拾捌元零角零分　　¥18.00								
本次消费总金额¥18.00　　附定额发票 4 张　　号码：								

开票人：李　车　　收款人：　　收款单位发票专用章

㊺ $\frac{1}{2}$

中国工商银行 转账支票存根 $\frac{B}{0}\frac{M}{2}$ 001028 附加信息 出票日期 年 月 日 收款人： 金 额： 用 途： 单位主管 会计	本支票付款期限十天	中国工商银行 **转账支票** $\frac{B}{0}\frac{M}{2}$ 001028 出票日期（大写） 年 月 日 付款行名称： 收款人： 出票人账号： 人民币（大写） 亿 千 百 十 万 千 百 十 元 角 分 用途 上列款项请从 我账户内支付 出票人签章 复核 记账

㊺ $\frac{2}{2}$

浙江省之江市服务业统一发票
发 票 联

地税

发票号码：00348395

本发票限于2006年12月31日前填开使用方为有效。 开票日期：20××年12月26日

第二联：发票联

付款户名	之江油泵油嘴厂			付款方式						转 账
服务项目及摘要	单 位	数 量	单 价	金 额						备 注
				千	百	十	元	角	分	
研磨机资产评估费					3	6	1	5	0	
合 计 人民币（大写）	⊗万⊗仟叁佰陆拾壹元伍角零分		¥361.50							

开票人：陶 其 收款人：张 三 收款单位发票专用章

㊻

中国工商银行利息凭证

20××年12月31日

<table>
<tr><td rowspan="3">收款单位</td><td>全　　称</td><td colspan="2">市工行贷款利息收入户</td><td rowspan="3">付款单位</td><td>全　　称</td><td colspan="2">之江油泵油嘴厂</td></tr>
<tr><td>账号或用户</td><td colspan="2"></td><td>账号或用户</td><td colspan="2">40234</td></tr>
<tr><td>开户银行</td><td colspan="2">市工行</td><td>开户银行</td><td colspan="2">市工行</td></tr>
<tr><td>积数</td><td colspan="2" rowspan="2">（略）</td><td>利率</td><td colspan="2" rowspan="2">（略）</td><td>利息</td><td></td></tr>
<tr><td>利率</td><td>利率</td><td>利息</td><td>¥6352.00</td></tr>
<tr><td colspan="4">第四季度金工车间技改贷款利息</td><td colspan="4">科　　目：
对方科目：
复　　核：　　　　记账：</td></tr>
</table>

⑰

材料收入汇总表

20××年12月31日　　单位：元

项　目	计量单位	数　量	进货成本	进货税额	合　计
1. 原料及主要材料 ① ② ⋮		（略）			
小　计			214768.29	36510.61	¥251278.90
2. 辅助材料 ① ② ⋮		（略）			
小　计			12000.00	2040.00	¥14040.00
3. 修理用备件 ① ② ③ ⋮		（略）			
小　计			8600.00	1462.00	¥10062.00
4. 燃料					
小　计			2500.00	425.00	¥2925.00
5. 包装物 ① ② ⋮		（略）			
小　计			1832.50	311.53	¥2144.03
6. 低值易耗品 ① ② ③ ⋮		（略）			
小　计			5200.00	884.00	¥6084.00
合　计			244900.79	41633.14	¥286533.93

假定以上各种材料款及增值税均以银行存款支付，有关结算凭证略。

附录二

一、实验指导

（一）实验准备

实验所需材料如下：

通用记账凭证 100 张

现金日记账 1 张

银行存款日记账 1 张

记账凭证封面 1 套

（二）实验操作规范

1. 开账

开账就是开设或启用新账。在实际工作中，会计人员要遵守账簿的启用规则，进行开账。而本次实验主要是出纳的业务处理，因此，开账就是设置“现金日记账”和“银行存款日记账”，格式一般采用“三栏式”，并登记月初余额。

2. 会计实务操作

(1)原始凭证的填制和审核

各单位在办理款项和有价证券的收付，财物的收发、增减和使用，债权债务的发生和结算，资本、基金的增减，收入、支出、费用、成本的计算，财务成果的计算和处理时，必须取得或填制原始凭证。

由于本次实验对外来原始凭证均已取得，并假定符合要求，因此无须再作审核。但在实际工作中，要对外来原始凭证就其真实性、合法性、合理性、完整性、正确性和及时性进行审核。只有经过审核无误的原始凭证，才能作为编制记账凭证和登记账簿的依据。

在此，就自制原始凭证填制的规范作介绍：

①内容要完整。原始凭证所要求填列的项目必须逐项填列齐全，不得遗漏和省略。

②手续要完备。经办业务的部门和人员必须签名盖章，以明确经济责任，确保凭

证的真实性。

③不得随意涂改、刮擦、挖补。原始凭证填写错误需要更改时，应按规定方法更改。

(2)记账凭证的填制和审核

会计人员根据审核无误的原始凭证或原始凭证汇总表，就可以编制记账凭证。记账凭证填制的规范主要有以下几个方面：

①内容要完整。在实际应用中，各单位所使用的记账凭证的格式会有所不同。但无论采用哪种格式，都必须具备记账凭证的基本内容。

②连续编号。如果一项经济业务需要填制多张记账凭证，可采用分数编号法。

③附有原始凭证应符合要求。不得把不同类型的原始凭证经济业务合并填列在一张记账凭证上；除结账和更正错误的记账凭证可以不附原始凭证外，其他的记账凭证上必须附原始凭证。如果根据同一张原始凭证填制几张记账凭证，可将原始凭证附在一张主要的记账凭证后，并在未附原始凭证的记账凭证注明。

④确定会计分录正确。必须根据经济业务的内容，按照会计制度统一规定，正确地编制会计分录，不得任意改变会计科目的名称和核算内容，

⑤填制出现错误应重新填制。如已经登记入账的记账凭证，应按规定方法更正。

⑥空行应划线注销。记账凭证填制完经济业务事项后，如有空行，应当自金额栏最后一笔金额数字下的空行处至合计数上的空行处划线注销。

不论原始凭证，还是记账凭证，字迹必须清晰、工整，并符合下列要求：

①阿拉伯数字应一个一个写，不能连写；

②大写应按规范书写；

③以元为单位的阿拉伯数字，除表示单价等情况外，一律填写到角分。

(3)日记账的登记

现金日记账是用由出纳人员根据同现金收付有关的记账凭证，按时间顺序逐日逐笔进行登记，并逐日结出现金余额(说明：本实验可采用逐笔结出现金余额的办法)。

银行存款日记账是由出纳员根据与银行存款收付业务有关的记账凭证，按时间先后顺序逐日逐笔进行登记，每日结出存款余额(说明：本实验可采用逐笔结出现金余额的办法)。

在账簿的登记过程中，应遵守以下规则：

①文字和数字书写：为保持账簿清洁整齐，文字、数字书写应端正清晰。摘要文字应紧靠左线，数字应写在金额线内并略向右斜，文字、数字的字体大小不应顶格，下方应紧靠底线，一般占一行格高的 1/2 的位置，没有角分的整数，小数点以后的两个“0”不得省略不写。

②记账用笔：登记账簿要用蓝黑墨水或碳素墨水书写，不能用铅笔或圆珠笔(银行的复写账簿除外)登记；红色墨水只能在结账划线，划线更正错误和红字冲账时才能

使用。

③登记账簿要按顺序进行，不得隔页、跳行。如不慎出现隔页，应将空白账页用对角“×”号注销或注明“此页空白”；如出现跳行，亦应用斜线注销或注明“此行空白”；注销的空白账页或空行处应加盖记账人员名称，以示负责。

④在结账前发现账簿记录有文字或数字错误，而记账凭证没有错误，可以采用划线更正法。更正时，可在错误的文字或数字上划一条红线，在红线的上方填写正确的文字或数字，并由记账人员在更正处盖章，以明确责任。

⑤每一张账页登记完毕需要结转下页继续登记时，应在账页的最后一行摘要栏内写上“过次页”字样，并将本页借贷方发生额加计总数，并结出余额，在下一页的第一行摘要栏写上“承前页”字样，将上页发生额总数和余额过入。

(4)对账

对账就是核对账目。

为了保证账簿所提供的会计资料正确、真实、可靠，会计人员在记完账后，还应定期做好对账工作。会计对账工作主要包括：账证核对，做到账证相符；账账核对，做到账账相符；账实核对，做到账实相符。

本实验的对账工作仅包括账证核对。

(5)结账

结账，就是在把一定时期内所发生的经济业务全部登记入账的基础上，结算出各种账簿的本期发生额和期末余额。

本实验的结账工作仅包括现金、银行存款日记账的结账。每期结账时，要在最后一笔经济业务记录下面通栏划单红线，结出本期发生额和余额，在摘要栏内注明“本月合计”字样，再在下面通栏划单红线。

(6)凭证的装订

凭证的装订有顶齐法和底齐法。

现以顶齐法为例加以说明：先封面和包角纸，再夹紧凭证、划分角线，然后装订线眼确定和缝制凭证，最后制作包角。

二、考核标准和实习资料参考答案

(一)考核标准

1. 会计凭证

(1)原始凭证

按照要求和规定的方法，填制原始凭证或原始凭证汇总表，做到记录真实，内容完整、手续完备，书写清楚规范、不随意涂改、刮擦、挖补。

(2)记账凭证

按照记账凭证的基本内容、编制方法规范填写，做到内容真实，与所附原始凭证内容一致，项目齐全，摘要简明扼要，确定的会计分录正确，书写清楚规范，并连续编号。

(4)会计凭证装订

按规定的要求装订，做到整齐美观。

2. 会计账簿

做到日记账开设完整，按照规范的登账方法和错账更正方法，登记账簿，书写规范，按规定结计本期发生额和期末余额，在账证相符、账账相符的基础，按规定方法进行结账。

(二)实习资料参考答案

(1)借:银行存款	11 900.00	
贷:应收账款——临安内燃机厂		11 900.00
(2)借:材料——原料及主要材料(轴承钢)	15 059.00	
应交税金——应交增值税(进项税额)	2 550.00	
贷:银行存款		17 609.00
(3)借:生产成本——金工车间	11.00	
——辅助生产成本	11.00	
制造费用——油泵车间	16.80	
——油嘴车间	16.80	
管理费用——办公费	362.12	
贷:现金		417.72
(4)借:营业费用——广告费	2 300.00	
贷:银行存款		2 300.00
(5)借:管理费用——差旅费	574.50	
贷:其他应收款——诸云来		500.00
现金		74.50
(6)借:预付账款——无锡油泵油嘴研究所	50 000.00	
贷:银行存款		50 000.00
(7)借:其他应付款——职工教育经费	1 060.00	
贷:银行存款		1 060.00
(8)借:现金	1 000.00	
贷:银行存款		1 000.00
(9)借:银行存款	100 000.00	
贷:短期借款——市工行借款		100 000.00
(10)借:应交税金——未交增值税	13 672.38	
——应交营业税	124.52	
——应交城建税	965.78	

——应交所得税　　19 169.82

其他应交款——教育费附加　　551.88

贷:银行存款　　34 484.38

(11)借:工程物资　　17 870.00

贷:银行存款　　17 870.00

(12)借:银行存款　　46 098.00

贷:主营业务收入——165F 油泵　　8 800.00

——4SIA 油嘴　　8 600.00

——6120 油嘴　　22 000.00

应交税金——应交增值税(销项税额)　　6 698.00

(13)借:其他应付款——工会经费　　1 300.00

贷:银行存款　　1 300.00

(14)借:现金　　71 452.50

贷:银行存款　　71 452.50

(15)借:应付工资　　76 204.50

贷:现金　　71 452.50

其他应付款——电费　　1 055.00

——入托费　　2 684.00

——水费　　1 013.00

(16)借:银行存款　　81 549.00

贷:主营业务收入——165F 油泵　　11 700.00

——6120 输油泵　　40 000.00

——6120 油嘴　　18 000.00

应交税金——应交增值税(销项税额)　　11 849.00

(17)借:预付账款——湖北十堰第二汽车制造厂

40 000.00

贷:银行存款　　40 000.00

(18)借:应付账款——上海机床公司　　72 000.00

贷:银行存款　　72 000.00

(19)借:其他应收款——郭明　　1 000.00

贷:银行存款　　1 000.00

(20)借:银行存款　　20 000.00

贷:预收账款——临安内燃机厂　　20 000.00

(21)借:应收账款——安徽宣城农机公司　　51 609.00

贷:主营业务收入——165F 油泵　　19 000.00

——6120 输油泵　16 000.00
——4SIA 油嘴　9 000.00
应交税金——应交增值税(销项税额)　7 480.00
现金　129.00

(22)借:银行存款　50 000.00
贷:应收账款——福建莆田农机公司　50 000.00

(23)借:营业费用——会务费　1 800.00
贷:银行存款　1 800.00

(24)借:现金　800.00
贷:银行存款　800.00

(25)借:管理费用——办公费　1 472.40
贷:银行存款　1 472.40

(26)①借:预付账款——临安内燃机厂　23 400.00
贷:主营业务收入——6120 输油泵　20 000.00
应交税金——应交增值税(销项税额)　3 400.00
②借:营业费用——运费　84.50
贷:现金　84.50

(27)借:预付账款——杭州轴承钢厂　30 000.00
贷:银行存款　30 000.00

(28)借:应付账款——沈阳北方冲剪机厂　35 000.00
贷:银行存款　35 000.00

(29)借:待摊费用——财产保险费　16 000.00
贷:银行存款　16 000.00

(30)借:银行存款　51 609.00
贷:应收账款——安徽宣城农机公司　51 609.00

(31) 借:现金　200.00
贷:固定资产清理——研磨　200.00

(32)借:银行存款　385.65
贷:财务费用——利息支出　385.65

(33)借:预提费用——借款利息　2 200.00
财务费用——利息支出　1 550.00
贷:银行存款　3 750.00

(34)借:待摊费用——报纸杂志费　4 500.00
贷:银行存款　4 500.00

(35)借:应付账款——之江自来水厂　7 000.00

应交税金——应交增值税(进项税额)　910.00
贷:银行存款　7 910.00
(36)借:应付账款——之江市供电局　12 706.93
应交税金——应交增值税(进项税额)　2 160.18
贷:银行存款　14 867.11
(37)借:管理费用——差旅费　936.90
现金　63.10
贷:其他应收款——郭明　1 000.00
(38)借:应收账款——福建莆田农机公司　53 459.16
贷:主营业务收入——4SIA 油嘴　4 500.00
——6120 油嘴　33 000.00
——6120 输油泵　8 000.00
应交税金——应交增值税(销项税额)　7 735.00
现金　224.16
(39)借:银行存款　44 694.00
贷:主营业务收入——4SIA 油嘴　8 800.00
——6120 油嘴　18 000.00
——165F 油泵　11 400.00
应交税金——应交增值税(销项税额)　6 494.00
(40)借:管理费用——社会保险费　8 077.68
贷:银行存款　8 077.68
(41)借:管理费用——修缮费　10 400.00
贷:银行存款　10 400.00
(42)借:短期投资——股票投资　100 905.00
贷:银行存款　100 905.00
(43)①借:现金　5 060.00
贷:主营业务收入——4SIA 油嘴　905.98
——6120 油嘴　1 282.05
——165F 油泵　1 282.05
——6120 输油泵　854.70
应交税金——应交增值税(销项税额)　735.22
②借:银行存款　5 060.00
贷:现金　5 060.00
(44)借:管理费用——业务招待费　368.00
贷:现金　368.00

(45)借:管理费用——评估费　361.50

　　贷:银行存款　361.50

(46)①借:在建工程——金工车间技改　6 352.00

　　贷:长期借款——市工行借款　6 352.00

②借:长期借款——市工行借款　6 352.00

　　贷:银行存款　6 352.00

(47)借:材料——原料及主要材料　214 768.29

——辅助材料　12 000.00

——修理用备件　8 600.00

——燃料　2 500.00

——包装物　1 832.50

低值易耗品　5 200.00

应交税金——应交增值税(进项税额)　41 633.14

贷:银行存款　286 533.93

图书在版编目(CIP)数据

出纳实务 / 干学森主编．—杭州：浙江大学出版社，
2008.8(2016.2 重印)
ISBN 978-7-308-06161-2

Ⅰ．出… Ⅱ．干… Ⅲ．现金出纳管理—基本知识 Ⅳ．F830.45

中国版本图书馆 CIP 数据核字(2008)第 128582 号

出纳实务(第二版)
干学森　主编

策　　划	徐素君
责任编辑	徐素君
封面设计	刘依群
出版发行	浙江大学出版社 (杭州市天目山路 148 号　邮政编码 310007) (网址：http://www.zjupress.com)
排　　版	杭州中大图文设计有限公司
印　　刷	浙江新华数码印务有限公司
开　　本	787mm×960mm　1/16
印　　张	15.5
字　　数	330 千
版 印 次	2012 年 8 月第 2 版　2016 年 2 月第 5 次印刷
书　　号	ISBN 978-7-308-06161-2
定　　价	30.00 元

浙江大学出版社发行中心联系方式：0571—88925591；http://zjdxcbs.tmall.com